Trastorno bipolar

Georgina Romo Lizárraga

Trastorno bipolar

Una guía para el paciente y su familia

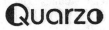

México ◆ Miami ◆ Buenos Aires

Trastorno bipolar
© Georgina Romo Lizárraga, 2008

Quarzo

D.R. © Editorial Lectorum, S.A. de C.V., 2008
Centeno 79-A, Col. Granjas Esmeralda
C.P. 09810, México, D.F.
Tel.: 55 81 32 02
www.lectorum.com.mx
ventas@lectorum.com.mx

L.D. Books Inc.
Miami, Florida
sales@ldbooks.com

Lectorum, S.A.
Buenos Aires, Argentina
lectorum-ugerman@netizen.com.ar

Primera reimpresión: junio de 2009
ISBN: 978-970-732-281-3

© Portada: Perla Alejandra López Romo

Impreso y encuadernado en México
Printed and bound in Mexico

Agradecimientos

Quiero dar mi más amplio reconocimiento a todos los investigadores y especialistas que han dedicado su tiempo a que la ciencia avance y contribuya a mejorar nuestro entendimiento del trastorno bipolar, así como a desarrollar los métodos y técnicas que ayudan a los pacientes a tener una mejor calidad de vida. Y especialmente a las asociaciones que permiten que los costos sean accesibles para cualquier persona.

Agradezco de todo corazón a mi hermano Porfirio la oportunidad de trabajar en esta publicación, lo que me llevó a indagar nuevas alternativas que sin duda influirán en la atención de mis pacientes.

También agradezco a Rodrigo, a Eduardo, a mis hermanos y hermanas a todos mis seres queridos por su incondicional apoyo, motivación, comprensión y paciencia mientras estuve ocupada en este trabajo. A Rebeca le estoy agradecida por su disposición a apoyarme en los aspectos técnicos.

Gina Romo

Introducción

Hoy día, el trastorno bipolar es uno de los padecimientos de los que más se habla. Unos lo consideran una moda, otros un nuevo invento; sin embargo, siempre ha existido, aunque no tenía el nombre con el que lo conocemos ahora. El trastorno bipolar afecta a gran número de personas, independientemente del sexo y la edad. El desconocimiento de las características de esta enfermedad provoca que sean pocos los pacientes atendidos: se cree que sólo un tercio recibe el tratamiento adecuado; los demás no son comprendidos y reciben diagnósticos incorrectos o son incorporados a las estadísticas del alcoholismo y la drogadicción.

Para que un paciente sea diagnosticado y tratado correctamente pueden pasar hasta diez años; se reporta que entre el 15 y 20 por ciento de las personas con esta enfermedad comete suicidio.

El paciente bipolar es una persona normal que sufre una enfermedad cuya gravedad puede alterar en forma intensa su personalidad. Los cambios del estado de ánimo oscilan entre fases depresivas y maniacas. En una fase depresiva presenta tristeza aguda, que no necesariamente responde a un evento en particular, y le puede llevar a encerrarse en sí misma. Los trastornos en el apetito y en el sueño son comunes en los pacientes, de tal manera que disminuye o aumenta la cantidad de alimentos que ingieren y duermen en exceso o muy pocas horas. Posiblemente, luego de una etapa depresiva, viene un periodo en el que el estado de ánimo se normaliza. Este lapso es de duración variable y pueden sobrevivir posteriormente los síntomas de una fase maniaca, en la que el pensamiento se acelera, el paciente habla sin cesar de sus numerosas ideas o grandes proyectos, ocasionando cansancio y fastidio en sus interlocutores, porque no llega a ningún lado. Se puede mostrar alegre y entusiasmado por alguna situación nueva, como el ingreso a un trabajo o haber iniciado una relación amorosa; sin embargo, su emoción se va transformando en irritación o, al verse cada vez más exaltado, llega incluso al delirio o pérdida de la noción de la realidad.

Este padecimiento tiene múltiples variantes. De acuerdo con la clasificación que se ha hecho a nivel internacional en el *Manual diagnóstico y estadístico de las enfermedades mentales* (DSM IV), los tipos de la enfermedad se agrupan en: Trastorno bipolar I, II y III, dependiendo de los síntomas y la intensidad con la que se presentan.

La incidencia del trastorno bipolar es muy alta: se calcula que cerca del 1.2% de la población mundial la padece, es decir, más de 100 millones de personas y ha sido considerada una de las causas más frecuentes de discapacidad, ya que alrededor del 40% de las personas enfermas al no recibir atención adecuada, no pueden trabajar. Es también un grave problema social, porque uno de los síntomas más comunes son las ideas suicidas. Hasta el 50% de la población que tiene el trastorno intenta suicidarse por lo menos una vez en su vida y alrededor del 10% lo consigue.

Es probable que otros padecimientos sean considerados trastorno bipolar sin serlo.

La enfermedad coexiste junto con otros trastornos de la psique, lo que hace más complicado el diagnóstico y el tratamiento. En el presente trabajo se describe este padecimiento, de tal manera que podamos identificar sus características y distinguirlo de los otros trastornos.

Este trabajo está dirigido a los pacientes y a sus familiares, con la intención de proporcionar una guía práctica que les permita comprender qué es el padecimiento, saber cuáles son las probables causas, los tratamientos que existen y cómo ayudar a controlar los síntomas agudos. Otro de los objetivos es contribuir a encontrar las respuestas que surgen ante la desesperación de no entender lo que pasa y ofrecer orientación para iniciar la búsqueda de la atención profesional.

Un estudio realizado por la Organización Mundial de la Salud (OMS) considera que el trastorno bipolar es la sexta enfermedad más cara debido a los costos del tratamiento, ya que está conformado por atención farmacológica, psicoterapéutica y psicoeducativa. Mucha gente permanece sin tratamiento, porque implicaría un grave problema económico para su familia, por ello indicamos cómo buscar alternativas menos costosas.

Se ha puesto especial interés en el desarrollo de la enfermedad en niños, ya que es aún más complicado su diagnóstico y los padres y familiares se muestran desesperados por no saber qué sucede. En el libro dedicamos un capítulo a la explicación detallada de los síntomas, las diferencias con el trastorno bipolar en adultos, las variantes en el tratamiento, las necesidades educativas especiales que la enfermedad genera, así como el cuidado y atención que deben brindar los allegados. El objetivo principal es dar los elementos necesarios para que los familiares puedan ayudar a los pacientes, especialmente los padres a los hijos, y que estén enterados de que es posible lograr que los menores tengan mejor calidad de vida con un diagnóstico y tratamiento adecuados.

Alrededor del desarrollo de esta enfermedad se han creado algunos mitos, entre ellos la idea de que es un padecimiento que se presenta más en escritores y músicos y que por esta razón quienes la desarrollan poseen un nivel intelectual superior, es decir, se le considera "una enfermedad de genios". Con esta idea, algunos especialistas animan a sus pacientes haciéndoles sentir una cierta exclusividad por tener el trastorno bipolar, como si se tratara de un club de renombre, pero a quienes lo padecen les parece una desgracia y en nada les ayuda saber que destacadas personalidades y genios también la han sufrido. El especialista debe remitirse con objetividad a la enfermedad y a que el paciente asuma el compromiso de responder firmemente al tratamiento, para hacer que su vida sea productiva y llevadera.

Efectivamente, se ha encontrado que muchas personas famosas como Vincent van Gogh, Héctor Berlioz, Francis Ford Coppola, Paul Gauguin, Graham Greene, George Friedrich Händel, Ernest Hemingway, Wolfgang Amadeus Mozart, Robert Schumann y Virginia Woolf, entre otros, considerados genios, han tenido el trastorno bipolar, por lo que se le ha asociado al padecimiento esta singularidad. Esta situación es controversial, y probablemente no es que exista tal asociación intelectual con el trastorno, sino que simplemente los genios están expuestos a dificultades comunes a los demás, de otra manera todos los pacientes que presentan la enfermedad serían genios.

En todo caso, tal controversia no es el objetivo de este trabajo, pero valga entender que si pacientes famosos como los mencionados, quienes oscilaban entre periodos de desbordante entusiasmo y de aniquilante desesperación lograron producir obras que contribuyen notablemente al legado de la humanidad, es sin duda una clave para entender que, a pesar de la enfermedad, los pacientes pueden llegar a ser no sólo útiles a la sociedad y a sí mismos, sino brillantes exponentes de sus virtudes. Por ello, en el último capítulo se presentan, como ejemplos de distintos tipos de enfermedad bipolar, los casos de tres artistas: Vincent van Gogh, pintor; Wolfgang Amadeus Mozart, músico, y Virginia Woolf, escritora.   ∎

CAPÍTULO I

¿QUÉ ES LA BIPOLARIDAD?

La bipolaridad no es un invento nuevo, ni es una enfermedad de moda; ya en el año 400 a.C. fue descrita por Hipócrates, y unos dos mil años después por un psiquiatra alemán, Emil Kraepelin, quien la denominó "locura maníaco-depresiva". Quizá en nuestra sociedad es más fácil llamar bipolaridad a todo lo que se le parezca sin serlo, y esto hace que consideremos que se está exagerando en el uso del término, además de que la enfermedad suele confundirse con otras.

Actualmente a muchas de las personas con trastorno bipolar se les diagnostican otras enfermedades mentales como neurosis, psicosis, esquizofrenia, trastornos de personalidad, padecimientos esquizoafectivos o depresiones. Esta confusión en el diagnóstico puede tener consecuencias severas e incluso mortales para los pacientes, ya que no se le da la debida importancia a su enfermedad o reciben tratamientos inadecuados. El índice de suicidios es alto.

Este padecimiento afecta tanto al paciente como a su familia, amistades y compañeros de trabajo: hay un impacto negativo en las relaciones interpersonales.

El trastorno bipolar es una enfermedad **afectiva** y, crónica producida por una alteración en la neuroquímica (es decir, en la química del cerebro), y se manifiesta en la psique de los individuos que la padecen, particularmente en el estado de ánimo.

¿Qué es el "estado de ánimo"?

El ánimo es un estado de la sensación que sobre sí mismo experimenta una persona. Esto es, el ánimo vendría a ser nuestro termómetro para saber cómo nos encontramos o cómo sentimos.

Permanecer de buen ánimo es una cuestión importante en nuestra vida; estar contentos y optimistas, relajados y abiertos, y enfrentando los problemas con iniciativa y creatividad para resolverlos. Quizá es el estado que manifiesta qué tan felices somos.

El ánimo también se refleja en estados fisiológicos el sueño es profundo, existe la sensación de tener energía, buen apetito y las perspectivas en la vida son amplias. Por el contrario, cuando estamos decaídos existe una propensión a estar alejados de los demás, y a evadir los problemas. En algunos casos, si la gente se siente triste, vacía, sola: el futuro no causa entusiasmo sino temor, y se recibe con pesimismo. Estas características tienden a establecerse como una forma de ver la vida.

Se puede decir que es normal que nuestro ánimo no permanezca siempre igual; así, podemos tener sentimientos de alegría o de tristeza, de felicidad o insatisfacción, de optimismo o pesimismo, de tal manera que hay diferentes estados, de acuerdo con las situaciones que se van presentando. Estas variaciones son de gran ayuda en la adaptación al medio; no sería lógico por ejemplo, estar muy contento en el funeral de cualquier persona, incluso si no es un familiar directo, ni sería normal agradecer alguna agresión o maltrato. Una persona "normal" encuentra rápidamente el equilibrio del estado de ánimo después de un evento que lo desestabiliza, y esto ocurre en forma proporcional a la magnitud de la situación que se presente. Es evidente que el ánimo influye en la variación de nuestras sensaciones; alguien que está muy cansado puede continuar trabajando según su estado de ánimo, o sentirse no sólo cansado sino mucho peor si su ánimo es bajo. Un ánimo equilibrado es una actitud emotiva ante la vida.

Podríamos preguntarnos qué hace que una persona tenga o no un estado de ánimo favorable. Explicar esto es complicado, es intentar entender por qué dos personas que provienen de los mismos padres y medio ambiente familiar de igual condición son distintas. Los investigadores afirman que existen algunos factores que determinan la propensión a ciertos estados de ánimo; unos son hereditarios, es decir, que tenemos información genética específica sobre ellos; otros son el efecto de los biorritmos como el de sueño-vigilia, el equilibrio en la neuroquímica, el funcionamiento hormonal y el desarrollo de la psique.

El estado de ánimo en cualquier persona puede variar; sin embargo, la alteración de éste que no puede ser controlada dentro de un tiempo prudente se convierte en patología. Esta alteración refleja un descontrol en las emociones, lo que eleva la sensibilidad psíquica individual, esto es, que cualquier situación estresante, aunque sea mínima, desencadenará el desequilibrio anímico. A esto le llamamos *vulnerabilidad*, cuando existe una tendencia condicionada genéticamente a perder el control del estado de ánimo y, de esta manera, bajo factores estresantes se puede llegar a manifestaciones agudas de la enfermedad.

Trastorno bipolar

La alteración en la regulación del ánimo en los pacientes con trastorno bipolar se asocia con un conjunto de síntomas extremadamente diversos en distintos momentos y con distinta duración. Como consecuencia, el comportamiento se ve anormalmente modificado, así como la capacidad mental y el impulso para la actividad cotidiana.

En el modelo clásico de enfermedad bipolar las oscilaciones de ánimo son muy marcadas: fases de ánimo muy bajo, depresiones graves y fases con ánimo muy elevado o manías. Las personas afectadas también sufren oscilaciones entre los polos y pasan de enfermo grave a sano, es decir, sin dolencias. En el mismo sentido se engloban oscilaciones de ánimo menos marcadas y estados mixtos maniaco-depresivos.

El trastorno bipolar se puede describir entonces como una mezcla de trastornos del estado de ánimo, entre ellos:

- Episodios maniacos
- Episodios hipomaniacos
- Episodios depresivos mayores
- Episodios mixtos

La combinación de estos trastornos da como resultado los distintos tipos de bipolaridad y la alternancia con intervalos libres de trastornos varia en cada persona afectada.

Episodio maniaco

Es un estado elevado del ánimo donde las personas experimentan una combinación de emociones: euforia exagerada, se muestran excesivamente alegres, o irritables, disminuye su necesidad de dormir, muestran megalomanía (delirios de grandeza), verborrea (hablar en forma excesiva y todo el tiempo), su pensamiento es acelerado o presentan fuga de ideas, hiperactividad, cambios vertiginosos en el pensamiento, la atención y la percepción, además de una conducta impulsiva y temeraria.

El estado maniaco empieza a manifestarse lentamente, casi no se percibe al inicio, y puede ir en aumento durante días o semanas; se va haciendo cada vez más evidente hasta que no hay duda de que es patológico. Cuando no es tratado adecuadamente llega a durar entre 2 y 3 meses.

Mientras la manía va en ascenso, los pacientes pueden reportar un estado de bienestar generalizado; algunos la describen como una experiencia excepcionalmente agradable. No obstante, no todas las personas con trastorno bipolar experimentan euforia cuando su estado de ánimo se eleva. Regularmente en esta fase adquieren más confianza en sí mismos, pero no hay mesura, desembocan en un estado incontrolable de euforia. Generalmente no hay conciencia de que algo está mal, pero para los familiares es preocupante en la medida en que se anuncia un episodio agudo. El pensamiento se acelera cada vez más rápido y los pacientes se dejan llevar por temerarios impulsos que van de una dirección a otra. Muestran también una acelerada forma de hablar y cada vez es más rápida; se observa un lenguaje entrecortado. Para tener una idea de la verborrea que manifiestan, cabe mencionar que una persona normal articula de 120 a 150 sílabas por minuto, mientras que una persona maniaca llega a emitir de 180 a 200. También se altera la percepción, la memoria y la atención del paciente. La percepción se hace más sensible, así que puede ver los colores más brillantes y oír los sonidos más

fuertes al grado de no tolerarlos. La memoria le parece
más nítida y clara; puede relacionar con mayor facilidad
una idea con otra y recordar sucesos con detalle, lo que
le hace percibirse como una persona de gran agudeza
intelectual. Esta aparente mejoría no es real, ya que la
atención y concentración están muy afectadas durante
un episodio maniaco. La persona no puede concentrase
en un solo aspecto, porque su mente intenta procesar
demasiadas cosas al mismo tiempo. En realidad su estado no permite que se registren, en forma ordenada,
estímulos que acontecen a su alrededor, ya que cualquier otro estímulo irrelevante (como gestos de otras
personas o ruidos) causa interferencia. La aceleración
de sus pensamientos hace que lleguen a ser confusos e
incoherentes, por lo que muchas veces no se entiende
lo que dicen. Cuando se dan cuenta de que no los han
entendido los demás, se molestan y tachan de tontos e
incapaces a sus interlocutores.

La exagerada autoestima que experimentan durante
este periodo altera su comportamiento y realizan acciones extremas, como compras compulsivas, promiscuidad
sexual, desinhibición, abuso de sustancias adictivas. Todas
estas acciones tienen consecuencias en las diversas relaciones de su vida diaria. Uno de los síntomas más claros de la
manía es que se reducen las horas de sueño y el tiempo que
se emplea para ingerir alimentos, por lo que disminuye el
peso corporal.

Al parecer los pacientes pierden el miedo al peligro y
cada vez buscan nuevos desafíos y experiencias, mientras se
desarrollan sus ideas de grandeza: se perciben a sí mismos
con extraordinarias capacidades, lo que manifiesta una per-
dida de conexión con la realidad.

En algunos casos se presentan alucinaciones psicóticas (voces o visiones) durante las fases agudas, y exacerbando sus dotes los afectados llegan a creer que son nobles o millonarios o salvadores de la humanidad. El avance desmedido llega a un límite, ya que este excesivo autoaprecio se transforma en desprecio, ira, irritabilidad o agresividad. A esto se agregan profundos sentimientos de culpa e inutilidad, dificultad para concentrarse o tomar decisiones y a menudo hay ideas suicidas. En esta fase es muy difícil para los familiares mantener el control del paciente.

Episodio hipomaniaco

La hipomanía es una forma de la manía, pero los síntomas son leves. Se presentan modificaciones de ánimo, alto nivel de energía, impulso sexual reforzado, pensamiento acelerado, habla impulsiva, síntomas ocasionalmente asociados a una cierta irascibilidad. Si bien no llegan al grave desorden psíquico de la manía, el comportamiento de los hipomaniacos tiene consecuencias desagradables como son gastos innecesarios, daños en su relación marital por infidelidades, o incluso crear malentendidos y ser considerados a veces insoportables.

La hipomanía fue definida en 1881 por el psiquiatra alemán E. Mendel. Ésta engloba estados de ligera euforia e hiperactividad que no devienen totalmente en manía. Es común que los pacientes que la padecen no tengan conciencia de ello e incluso disfruten con su estado; en múltiples ocasiones rechazan el tratamiento, lo que puede ser peligroso para ellos mismos y para los demás, y aunque la mayoría no sufren una manía tampoco existe la certeza de que nunca lleguen a desarrollarla, o simplemente que su impulsividad

los lleve a situaciones arriesgadas como manejar a alta velo-
cidad. La euforia de la hipomanía es engañosa.

Episodio depresivo mayor

Fase de ánimo abatido. Perdura de 4 a 6 meses ante la falta
de tratamiento y con frecuencia no hay un motivo lo suficientemente grave que lo justifique. Todos pasamos por
momentos críticos que nos llevan a sentir la depresión y
existen diferencias en cómo la manifestamos y el tiempo
de su duración, pero para una persona sin el trastorno su
ánimo tiende al equilibrio. En un estado depresivo que responde a la bipolaridad no hay esta tendencia al equilibrio;
por el contrario, está presente la sensación de cautiverio,
con un estado de ánimo decaído del cual no se puede salir.
Los pacientes se muestran dominados por un sentimiento
de tristeza y de extravío, pesar y desesperación. La persona
depresiva se siente a menudo responsable de los problemas
que detecta en su medio, llegando a desarrollar una culpabilidad obsesiva, pues generalmente cree que merece ser
castigada por ello.

Otro signo importante de la depresión es la pérdida
de interés por las actividades que antes realizaba y quizá
hasta consideraba agradables. Por lo demás, cualquier otra
actividad, por novedosa que sea, no produce entusiasmo.
Se presenta, una alteración en la percepción, por ejemplo,
la comida no tiene un sabor agradable, los colores se tornan
opacos y en general la naturaleza parece sin vida. Al contrario
de la manía, en la depresión se ha observado que los procesos del pensamiento son lentos y pierden sentido, la memoria disminuye y los pacientes no logran concentrarse en
una actividad. El biorritmo del sueño y la vigilia se modifica;

es decir, duermen mucho o, lo más frecuente, padecen insomnio. En un estado más grave de depresión las personas pueden llegar a tener alucinaciones como la percepción de voces y delirio de culpabilidad o de pecado.

Episodio mixto

El estado bipolar mixto es cuando el paciente tiene características tanto maniacas como depresivas; al parecer es el más común, ya que el 40% de los trastornos bipolares responde a esta categoría. El cambio de un estado a otro constituye un ciclo, el cual puede variar de acuerdo con el tiempo que transcurre entre ambos. En la ciclación rápida, de un episodio maniaco puede pasarse directamente a uno depresivo o viceversa, o se presenta un intervalo libre de trastornos muy breve, de uno o dos meses, entre una fase y otra. En algunos casos, los cambios entre una fase y otra pueden durar sólo algunos días y aun solamente algunas horas.

Cuando los cambios en el estado de ánimo son graves provocan un evidente deterioro de la vida laboral, social o interpersonal del paciente.

Los episodios mixtos son también una forma más grave de un trastorno bipolar y por ello son más difíciles de tratar desde el punto de vista farmacológico. En estos casos suelen presentarse complicaciones relacionadas con el consumo de sustancias tóxicas y otras enfermedades, especialmente las que suponen alguna disfunción neurológica[1].

---

1   Himmelhoch, J. M., "Sources of lithium resistance in mixed mania", 1986, citado en Newman, Cory F. y cols. *El trastorno bipolar*, Ed. Paidós, México, D.F., 2005.

Intervalo libre de trastornos

En éste no se manifiestan dolencias maniacas ni depresivas. Cuando el paciente no recibe tratamiento, estos intervalos tienden a ser cortos. Dependen de la gravedad del enfermo. En muchos casos, los pacientes pueden permanecer sin síntomas hasta por años, pero en otros que padecen ciclación rápida, los intervalos libres de trastornos pueden presentarse algunos días e inclusive sólo unas horas.

Podríamos resumir las manifestaciones más frecuentes del trastorno como sigue:

El estado de ánimo cambia inesperadamente de la euforia e irritabilidad a la depresión.

- Hiperactividad
- Alteración del pensamiento, la atención y la percepción
- Ideas suicidas
- Alteraciones del sueño y la alimentación
- Impulsividad y conductas autodestructivas.

Alteraciones del sueño

Éste es uno de los síntomas que se manifiestan, en primer plano, tanto de la depresión como de la manía. Mientras que para los pacientes en fase maniaca el sueño se considera una pérdida de tiempo, ya que quieren ocupar hasta el último minuto de su día para realizar un sinfín de actividades, para los que están en fase depresiva el sueño puede ser la única experiencia agradable. Un paciente deprimido puede dormir muchas más horas de lo normal;

por ejemplo, hasta dieciséis horas al día, y no lograr hacer nada fuera de casa. Al exceso del tiempo de dormir se le llama hipersomnia.

Los problemas que aquejan a las personas que padecen hipersomnia como consecuencia del trastorno bipolar son de orden social, ya que se altera su actividad laboral y la relación interpersonal con la familia directa, que podría considerarlas flojas y faltas de responsabilidad.

También con la manía se presentan dificultades en la vida laboral y en la familia por la disminución del sueño. Lo más común es que quien padece de insomnio seguramente tampoco deje dormir a su familia. Entonces la irritabilidad que manifiesta tanto el paciente como su familia está ligada directamente a la falta de sueño.

Impulsividad, autodestrucción y adicciones relacionadas con el trastorno bipolar

Para una persona que ha entrado en una fase maniaca y que se encuentra llena de energía, todo lo que ocurre a su alrededor parece que transcurre con demasiada lentitud. Es probable que por ello pierda sus inhibiciones y se comporte de manera impulsiva, poniendo en riesgo la vida o la salud propias. La exagerada actividad que la mantiene siempre ocupada, llega a provocarle sensación de agotamiento.

El abuso en el consumo del alcohol y drogas de un paciente bipolar puede ser signo de una conducta autodestructiva. Cualquiera que sea la sustancia utilizada puede empeorar el estado de ánimo, y particularmente abrir la puerta a una fase de ansiedad y confusión y con la que se acentúan los problemas de sueño. Por otro lado, la familia de los pacientes puede confundirse y dar mayor importancia a la conducta adictiva que al padecimiento bipolar.

El trastorno bipolar es claro cuando las características concuerdan con este modelo clásico; sin embargo, en la realidad no se definen uniformemente los síntomas, sino que hay variaciones. A continuación se presenta la clasificación establecida en el DSM-IV (*Manual diagnóstico y estadístico de las enfermedades mentales*), reconocido internacionalmente.[2]

Tipos de trastorno bipolar

- Trastorno bipolar I
- Trastorno bipolar II
- Trastorno ciclotímico
- Trastorno bipolar no especificado

Las especificaciones del manual son útiles para los profesionales que requieren dar un diagnóstico. No obstante que éste no es el objetivo de este libro, es importante dar un panorama general de los distintos tipos de trastorno bipolar.

El trastorno bipolar I. Un paciente se muestra eufórico en un periodo relativamente largo (unos 14 días) y las características de esta euforia se correlacionan con manía. El paciente ha padecido por lo menos una depresión considerable en el transcurso de su vida. La edad promedio de aparición es de 20 años. Los episodios sin tratamiento duran unos seis meses. Frecuentemente surgen alucinaciones

---

2   DSM-IV "Diagnostical and Statistical Manual of Mental Disorders", publicado por la Asociación Americana de Psiquiatría American Psychiatric Association (APA), 1994.

e ideas delirantes. Al aumentar la edad puede incrementarse también la frecuencia de los trastornos.

El trastorno bipolar II. Existe cuando el afectado ha sufrido al menos una depresión y se puede comprobar que también ha padecido un episodio de hipomanía, que es una forma leve de manía. Se observan incremento del apetito y del sueño durante la depresión. Esporádicamente, depresiones crónicas. Se pueden comprobar trastornos bipolares de este mismo tipo en parientes consanguíneos del paciente. La aparición de la enfermedad es en edades tardías. Existe posibilidad de un riesgo elevado de abuso en el consumo de alcohol.

Ciclotimia. En este caso el ánimo oscila continuamente entre un periodo de ligera exaltación y decaimiento y un periodo de estado anímico normal; regularmente los episodios son de corta duración: días o semanas. Se considera una forma débil del trastorno bipolar. Es difícil decidir si estas oscilaciones anímicas crónicas están influidas o provocadas por factores exógenos o si surgen por sí mismas en forma autónoma. En la mayoría de los pacientes la ciclotimia no es tratada porque su diagnóstico no es fácil de decidir. Kraepelin observó que estos trastornos de ánimo aparecen de forma regular por temporadas, ya que muchos de sus pacientes empezaban a tener manifestaciones del trastorno en el otoño y para la primavera desaparecían. Su inicio es en los últimos años de la adolescencia o en los primeros años de la treintena. No suele llevar perturbaciones anímicas graves, sólo en un 6% de los casos puede transformarse en un trastorno bipolar I, y en casi 25% en el bipolar II. La sintomatología es irritabilidad, accesos de furia repentinos, cambio frecuente de los hábitos de sueño con disminución de la necesidad de dormir y rendimiento laboral fluctuante; presentan conductas riesgosas, compras compulsivas, en algunos puede existir el abuso de drogas o alcohol, estados alternativos de introversión y extroversión. la autoestima varía de muy baja a excesiva, fases cambiantes entre raciocinio confuso y otras de gran nitidez.

Este tipo es de los más comunes; los demás son un tanto inciertos y en algunos casos hasta se les da el nombre de trastorno bipolar sólo si en la familia del paciente ha habido personas que lo han padecido en forma más clara.

Trastorno bipolar no especificado o trastorno bipolar III. Todos los pacientes que presentan diversas formas de depresión pueden mostrar características de trastorno bipolar sin que por eso sean incluidos en una de las categorías antes mencionadas. Estos tipos se redesignan con el nombre de *pseudounipolar* también. Hay estados de ánimo depresivo sin episodios maniacos. La mayoría de las veces estos pacientes son extrovertidos, activos y siempre están de buen humor (temperamento hipertímico). Pero siempre existe el riesgo de sufrir una depresión y de administrarse antidepresivos con el peligro de que aparezca un estado maniaco. Los pacientes que manifiestan disminución en la necesidad de dormir a veces tienden a sufrir una ligera irritabilidad. ■

CAPÍTULO II

EN QUÉ CONSISTE UN DIAGNÓSTICO DE TRASTORNO BIPOLAR

Qué es un diagnóstico de trastorno bipolar

Un diagnóstico es la conclusión a la que llega un especialista, basado en el conocimiento que tiene acerca del trastorno bipolar; para ello realiza una evaluación de las características del padecimiento que el paciente ha descrito y analiza el conjunto de datos a los que llama signos y síntomas de la enfermedad. Cada especialista tiene un método o forma distinta de realizar el diagnóstico. Particularmente en el trastorno bipolar es recomendable que el diagnóstico sea determinado por un equipo de especialistas y no uno solo, ya que deben analizarse aspectos de distinta índole como los factores genéticos, neuroquímicos y en primera instancia los que se refieren al comportamiento del paciente, pero además es importante conocer todos los probables generadores de estrés.

La mayoría de los médicos psiquiatras y especialistas inician realizando una entrevista, en la que el paciente o sus familiares dan a conocer el motivo de la consulta, donde pueden manifestar qué les preocupa o angustia. Lo que sigue a la entrevista es la observación clínica del especialista, en la cual hace una serie de preguntas que permiten definir si la persona presenta los síntomas del trastorno. La American Psychiatric Association que creó el manual I (DSM-IV) donde se especifican los criterios clínicos (que ya han sido descritos en el capítulo I de este libro). De esta manera se detecta la existencia de episodios depresivos, maniacos o hipomaniacos, así como la frecuencia y duración de éstos.

Es importante entender que por presentar uno o dos síntomas no necesariamente la información es suficiente para catalogar a la persona con el diagnóstico de trastorno bipolar. El trastorno incluye un grupo de síntomas que oscilan conjuntamente durante los episodios críticos, es decir, cuando el estado de ánimo, el nivel de actividad, los patrones de pensamiento y de sueño cambian al mismo tiempo. Por esta razón y para no dar un mal diagnóstico conviene estar totalmente seguro de que la persona afectada ha experimentado un trastorno del estado de ánimo y que los periodos depresivos o maniacos se han alternado con lapsos de normalidad; o bien, que ha mostrado intervalos entre los polos opuestos de la enfermedad.

Un episodio tiene básicamente tres componentes: una fase donde los síntomas se intensifican (fase prodrómica); una fase activa, donde se presentan los síntomas maniacos o depresivos en forma grave, y una fase de recuperación, en la que los síntomas pierden intensidad en forma gradual. La duración de los episodios varía de una persona a otra. Es posible que un paciente o su familiar no sepan en qué momento termina un episodio y cuándo está empezando otro; la única manera de preverlo es cuando el paciente o sus familiares (como veremos más adelante) ya conocen los síntomas particulares de la fase donde éstos se intensifican.

Es obvio que una persona que no tiene preparación profesional en el área de salud mental no realizará un diagnóstico. La información que se ha brindado hasta ahora tiene por objeto proporcionar orientación a toda persona que sospeche que sufre el trastorno, o que lo tenga alguno de sus familiares; en ese sentido se torna valiosa la información que permita tomar la decisión de buscar un diagnóstico profesional. Con este fin, se presenta una lista de control para uso personal, que funcione como punto de partida para que una persona determine si sus sospechas tienen fundamento. Cabe aclarar que esta lista no es un instrumento de diagnóstico, ya que algunas personas que no presentan estos signos pudieran padecer el trastorno, o bien mostrar los síntomas de la lista sin sufrir el padecimiento, lo único que puede indicar es que se requiere consultar a un médico especialista.

ESTADO MANIACO O HIPOMANIACO**		
¿Ha pasado alguna vez por un periodo en el que no se haya sentido como de costumbre y haya experimentado algunos de los siguientes síntomas?		
	SÍ	NO
Presenta un estado de ánimo muy elevado que le ha causado algún problema o que ha provocado los demás piensen que no es la persona de siempre.		
Muestra un estado de ánimo tan irritable que lo ha llevado a gritar a otras personas o a iniciar peleas o discusiones.		
Ha sentido mucha más confianza en usted mismo que de costumbre.		
Ha dormido mucho menos que de costumbre pero no se ha sentido afectado por ello.		

ESTADO MANIACO O HIPOMANIACO**		
¿Ha pasado alguna vez por un periodo en el que no se haya sentido como de costumbre y haya experimentado algunos de los siguientes síntomas?		
	SÍ	NO
Ha hablado mucho más o con mayor rapidez que de costumbre.		
Ha tenido el pensamiento muy acelerado o le ha sido imposible calmar la mente.		
Tiende a distraerse con gran facilidad hasta el punto de tener dificultades para concentrarse.		
Ha salido mucho más o ha tenido una vida social más intensa que de costumbre, por ejemplo, telefoneando a sus amigos de madrugada.		
Se ha interesado por el sexo mucho más que de costumbre.		
Ha hecho cosas inusuales para usted o que otras personas pueden haber considerado excesivas, tontas o arriesgadas.		
Ha gastado demasiado dinero y ello ha sido causa de problemas para usted o para su familia.		
¿En alguna ocasión ha experimentado varios de estos síntomas al mismo tiempo?		
Síntomas del trastorno bipolar: lista de control de uso personal[3]		

---

3   Miklowitz, David J., *El trastorno bipolar,* Ed. Paidós, México, D.F., 2005, PP. 63-64

ESTADO DEPRESIVO*		
¿Ha pasado alguna vez por un periodo de dos o más semanas de duración en el que no se haya sentido como de costumbre, y que haya experimentado cinco o más de los siguientes síntomas?		
	SÍ	NO
Tristeza, melancolía o un estado de ánimo muy bajo.		
Pérdida de interés por todo.		
Aumento o pérdida de peso superior a 5%.		
Dormir demasiado o poco.		
Movimientos más lentos o más acelerados.		
Sensación de fatiga o de falta de energía.		
Sentimientos intensos de culpa o de inutilidad.		
Incapacidad para concentrarse o tomar decisiones.		
Pensar en el suicidio o planificarlo.		

¿Hasta qué punto alguno de estos síntomas le ha causado problemas (por ejemplo de carácter laboral, familiar, económico o legal, o en forma de discusiones o peleas)? Marque únicamente una respuesta.

Ningún problema   ____   Problemas leves   ____

Problemas moderados   ____   Problemas graves   ____

* Adaptado de los criterios para un episodio depresivo mayor y un episodio maniaco según el DSM-IV-TR. Copyright 2000 de la American Psychiatric Association.

** Adaptado de Hirschfeld y otros (2000), con autorización. Copyright 2000 de la American Psychiatric Association.

Dificultades para el diagnóstico

Es probable que hasta aquí parezca muy simple la detección del trastorno bipolar, pero será en el siguiente capítulo donde se vean las causas a las que se atribuye. Comprobaremos que los psiquiatras y especialistas deben conocer mucho más que sólo los síntomas. Aun con la preparación adecuada, en múltiples ocasiones es difícil dar un diagnóstico acertado, pues existen otros padecimientos que presentan algunas de las características de la bipolaridad. O bien, en algunas situaciones el trastorno bipolar se presenta junto con otra enfermedad, y para terminar de complicarlo, se debe tener en cuenta que las características de personalidad del paciente también pueden parecerse a algunos de los síntomas del trastorno bipolar. En tales circunstancias, el especialista deberá poseer la experiencia y pericia suficientes para lograr discernir cuáles síntomas obedecen a un padecimiento bipolar y cuáles a otros trastornos.

En resumen, el especialista debe tener en consideración tres aspectos:

- Que hay trastornos que tienen algunos síntomas que se parecen al trastorno bipolar, pero que no lo son.
- Que además del trastorno bipolar, el paciente puede tener otras enfermedades físicas o psíquicas.
- Que debe distinguir los rasgos de personalidad del paciente de los síntomas del trastorno bipolar.

Para tener una idea de los puntos uno y dos, a continuación se examinan los padecimientos con los que frecuentemente se llega a confundir el trastorno bipolar o que se presentan en forma simultánea.

Cómo distinguir el trastorno bipolar de otros padecimientos asociados (Comorbilidad):

El término comorbilidad significa dos o más trastornos psíquicos o físicos que existen simultáneamente en una persona a lo largo de un periodo definido. Es común que los pacientes con trastorno bipolar presenten otros padecimientos, así un paciente puede tener síntomas del trastorno bipolar y otros con distintas patologías. Ésta puede ser la razón por la cual en la práctica clínica se dé más de un diagnóstico, lo que confunde al paciente. Algunos de los padecimientos que suelen presentarse junto con el bipolar son:

- Trastorno por déficit de atención con hiperactividad (TDAH),
- Trastornos de la personalidad como:
    1. Trastorno límite de la personalidad
    2. Trastorno de la personalidad por evitación
    3. Trastorno esquizoide de la personalidad
- Esquizofrenia o trastorno esquizoafectivo
- Trastornos del estado de ánimo inducido por abuso de drogas y alcohol
- Trastorno de ansiedad

Trastorno por déficit de atención con hiperactividad (TDAH)

El TDAH es un trastorno que tiene su inicio en la infancia y se caracteriza por la dificultad para prestar atención a lo que se hace. La sintomatología es muy parecida a la del trastorno bipolar:

- Atención dispersa
- Impulsividad
- No existe miedo al peligro
- Memoria deficiente
- Hiperactividad
- Verborrea (hablan en exceso).

Se distingue por las dificultades para encausar la atención y por un alto nivel de actividad, que inclusive les impide terminar una tarea porque ya están realizando otra. No logran mantenerse sentados, son demandantes, verborreicos, impulsivos, no miden el peligro, en múltiples casos sus horas de sueño se ven reducidas. Los padres frecuentemente se quejan de agotamiento por el ritmo de vida que lleva el niño. El parecido con los síntomas del trastorno bipolar en cuanto al comportamiento es muy estrecho, lo que hace más difícil diferenciar entre uno y otro. Las confusiones para distinguir el trastorno bipolar cuando los pacientes han presentado en su infancia el TDAH se derivan varios aspectos, por un lado no hay seguridad de que los síntomas presentados son sólo manifestaciones del TDAH, o de un trastorno bipolar, o bien, se muestran ahora los dos padecimientos.

Algunos piensan que el TDAH es un padecimiento precedente a la bipolaridad, otros consideran que son dos trastornos totalmente distintos y que en un alto porcentaje los pacientes del trastorno bipolar también presentan el TDAH. No existe un acuerdo sobre estos aspectos. De cualquier manera es importante conocer si el paciente padece los dos trastornos, ya que el medicamento utilizado para el control del TDAH es el metilfenidato (Ritalin), el cual es estimulante, por lo que, administrarlo en pacientes maniacos puede tener graves consecuencias.

Aunque ambos trastornos se parecen mucho, hay forma de distinguirlos. Los problemas cognitivos asociados al TDAH impiden que el paciente logre un aprovechamiento escolar adecuado a menos que esté tomando fármacos o recibiendo atención especializada. Las personas con TDAH tienen problemas constantes con la atención, incapacidad de organizar su actividad, y esto es independiente de su estado de ánimo. Lo más fácil de distinguir es que con TDAH no existen altibajos extremos en el estado de ánimo, que son el sello distintivo del trastorno bipolar. En cambio, las personas con trastorno bipolar no necesariamente presentan problemas cognitivos. Una manera de saberlo es observar si el paciente en edad escolar puede estar atento la mayor parte del tiempo de la clase, o bien, si su rendimiento, en tareas que exigen concentración y esfuerzo, ha sido acorde con las exigencias académicas o cotidianas. Es cierto que un paciente bipolar presenta alteraciones del comportamiento, como irritabilidad e impulsividad, y que su atención se ve afectada; sin embargo, esto sólo ocurre mientras el paciente experimenta un episodio maniaco, mixto o depresivo.

Trastornos de la personalidad

Los especialistas afirman que cerca del 50% de las personas que padecen trastorno bipolar también manifiestan algún trastorno de la personalidad. Sin embargo, esta aseveración es difícil de constatar, sobre todo cuando los pacientes están transitando por algún episodio maniaco o hipomaniaco, puesto que los extremos afectivos y el descontrol conductual propios de la afectación bipolar, no se distinguen fácilmente de los de la patología de la personalidad. En estos casos, el especialista espera a que el paciente tenga periodos libres de

síntomas; en estas condiciones, los trastornos de la personalidad se hacen más accesibles a la evaluación y al diagnóstico.
Los trastornos de la personalidad son variados, los que comúnmente se presentan junto con el bipolar son:

- Trastorno límite de la personalidad
- Trastorno de la personalidad por evitación

Y en menor medida:

Trastorno esquizoide de la personalidad

Los síntomas que pueden presentarse tanto en los trastornos de personalidad como en el bipolar son: irritabilidad,
labilidad del estado de ánimo, impulsividad, dificultades en
las relaciones interpersonales y tendencias al suicidio.

Trastorno límite de la personalidad

Otro de los padecimientos que suelen presentarse con el
trastorno bipolar es el trastorno límite de la personalidad,
el cual se manifiesta por patrones duraderos o permanentes
de alteración del pensamiento, la percepción, la respuesta
emocional, la actividad interpersonal y el control de los impulsos. Las características más frecuentes son:

- Dificultades para definir quién es o quién quiere ser.
- Un historial de relaciones interpersonales muy inten-
  sas e inestables.
- Un historial de intensos esfuerzos para evitar el aban-
  dono.
- Dificultades para controlar la ira.

- Antecedentes de conducta impulsiva o imprudente en relación con el sexo, el dinero o la comida.
- Un historial de actos autodestructivos (por ejemplo, automutilación).

También se presenta inestabilidad en el estado de ánimo, en las relaciones interpersonales y en la identidad personal. Se reporta frecuentemente una sensación de vacío, por lo que los pacientes muestran incapacidad para estar solos y suelen amenazar con el suicidio. Son notablemente reactivos ante sucesos que afecten sus relaciones personales y esto se manifiesta en su ánimo, pues caen rápidamente en estados de profunda tristeza, ansiedad o irritabilidad que, sin embargo, duran unas horas y ocasionalmente unos días. Este trastorno de personalidad es permanente y sólo se modifica con un tratamiento adecuado, tiene gran parecido con algunos síntomas del trastorno bipolar, sobre todo con los ciclos rápidos. No obstante, está más relacionado con las relaciones sentimentales y las personas que lo padecen buscan evitar a toda costa las rupturas, las cuales interpretan como abandonos. La expresión más parecida al trastorno bipolar es que presentan depresión en alguna época de su vida, pero nunca un episodio maniaco o mixto, a menos que también pasen por un trastorno bipolar. La frecuencia con que llegan a presentarse juntos es entre 10 y 40% de probabilidades.[4] La contrariedad principal que enfrentan los especialistas cuando encuentran los dos trastornos juntos, es que los pacientes presentan problemas para responder a

---

4   Carpenter, D.J., J.F. Clarkin et cols. "Personality pathology among married adults with bipolar disorder", *Journal of Affective Disorders*, núm. 34, 1995, pp. 269-275.

los fármacos estabilizadores del ánimo, y es indispensable mantener el control de éste.

Trastorno de la personalidad por evitación

Este trastorno de la personalidad se caracteriza porque las personas que lo presentan tienden a la inhibición social, tienen sentimientos de inferioridad y una hipersensibilidad a la evaluación negativa; se consideran a sí mismos socialmente ineptos, poco interesantes e incluso inferiores a los demás. Estos síntomas comienzan al inicio de la edad adulta, pero su origen está en la infancia. En estas circunstancias, evitan trabajos o actividades que impliquen contacto interpersonal, de esta manera evaden las críticas, la desaprobación y el rechazo. Cuando se ven forzados a interactuar, permanecen preocupados por la posibilidad de quedar expuestos. Se muestran renuentes a relacionarse con la gente si no están seguros de agradar. Regularmente se reprimen frente a la "amenaza" de tener relaciones íntimas debido a que temen la vergüenza o el ridículo. Son extremadamente reacios a correr riesgos personales o a involucrarse en nuevas actividades que le resulten comprometedoras.[5]

Los pacientes con este trastorno tuvieron en su mayoría relación con alguna persona que los criticaba y rechazaba, lo que los lleva a desarrollar un sistema de creencias acerca de sí mismos y de los demás. Dichas creencias están cargadas de emociones que les predisponen a actuar en forma congruente con ellas. El miedo al rechazo proviene de estas creencias; piensan que todos reaccionarán de la misma manera que la persona que los rechazaba, de ahí su temor a que

---

5   Véase DSM IV en *Trastornos de la personalidad.*

les descubran defectos. Tienen pensamientos autodenigran-
tes sistemáticos, cada vez que se encuentran en situaciones
sociales no dudan en anticipar consecuencias negativas. Al
prever que no pueden gustar a nadie, frecuentemente ocultan
su verdadera personalidad y tratan de engañar a los demás,
al menos por un tiempo. Cuando se relacionan con alguien,
evitan cualquier confrontación y piensan que si desagradan
en algo al otro, éste pondrá fin a la relación. Evalúan inco-
rrectamente las reacciones de los demás, incluso interpretan
sus reacciones neutras o positivas en forma negativa, así si
alguien llega a elogiarlos creen que ha sido para ridiculizarlos
o expresarles lástima. No muestran ninguna confianza de ser
aceptados o de llegar a gustar, aun cuando reciban pruebas
de aceptación, inmediatamente creen que el otro está equivo-
cado o los está engañando.[6]

Todas estas características pueden llegar a confundirse con periodos depresivos del trastorno bipolar, además de
que algunos pacientes pueden tener ambos padecimientos.

Trastorno esquizoide de la personalidad

Se observa un distanciamiento de las relaciones sociales y
una restricción de la expresión emocional en el plano interpersonal. El trastorno se manifiesta al principio de la edad
adulta y en diversos contextos; sin embargo, en algunos casos
se muestra por primera vez en la infancia o en la adolescencia
a través de comportamientos solitarios y de un bajo rendimiento escolar. Una persona con este trastorno, ni desea ni
disfruta las relaciones personales, y esto incluye formar parte

---

6   Roca, Elia, *Tratamiento del trastorno de personalidad por evitación*,
    www.cop.es/colegiados/PV00520

de una familia, por lo que casi siempre escoge actividades solitarias, tiene escaso o nulo interés en tener experiencias sexuales con otra persona. Pocas actividades les resultan interesantes o placenteras, quizá a ello se deba que frecuentemente presenten deterioro en la vida laboral. El aislamiento también trae como consecuencia no tener amigos íntimos o personas en quienes pueda confiar y que no sean de su familia de primer grado. Son indiferentes a los halagos o a las críticas de los demás y muestran frialdad emocional, distanciamiento o aplanamiento de la afectividad.

Su aspecto facial carece de expresiones de reciprocidad, como devolver una sonrisa, raras veces experimentan emociones fuertes, como ira; no obstante, han llegado a manifestar sentimientos desagradables, en especial en las interacciones sociales. Aunque tengan motivo para disgustarse suelen tener dificultades para expresar su enojo, lo que contribuye a dar la impresión de que no tienen emociones. Reaccionan de forma pasiva a las circunstancias adversas de la vida.

Todas estas características que afectan a un individuo, lo hacen depender de las personas que lo rodean, porque necesita seguridad y estabilidad, pero hasta cierto límite, porque cuando siente invadida su privacidad busca liberarse y ser independiente. Logra tener relaciones con pocas exigencias emocionales o íntimas.

En su vida sexual, a menudo son apáticos, pero esto no quiere decir que no logren disfrutar de este aspecto. Muchas personas con trastorno esquizoide tienen necesidades sexuales normales, pero prefieren masturbarse antes que enfrentar las implicaciones sociales de tener una pareja sexual. Esta actitud las hace aparecer como personas sin necesidades sexuales. Algunos de ellos consideran que su espacio personal es violado al compartir su sexualidad, por lo que recurren a la autoestimulación o prefieren la abstinencia antes de exponerse a las incomodidades de la intimidad.

Esquizofrenia

Las personas esquizofrénicas experimentan los siguientes síntomas:

- Ideas delirantes, como la sensación de que son perseguidos, o que sus pensamientos están controlados por fuerzas externas, o que alguien quiere hacerles daño.
- Alucinaciones auditivas o visuales. Por ejemplo, escuchar voces que expresen mandatos.
- Falta de motivación, apatía y retraimiento.
- Pérdida de las emociones o "aplanamiento afectivo".
- Lenguaje y pensamiento muy desorganizados o confusos.

Es una creencia popular que el esquizofrénico tiene muchas personalidades, lo cual es erróneo. Lo que sucede es que experimentan alucinaciones visuales o auditivas y afirman oír voces o ver, e incluso hablar, con personas que no existen en la realidad.

En el trastorno bipolar también se experimentan alucinaciones auditivas o visuales, y esto puede ser tanto en una fase maniaca aguda, como en una fase depresiva. Ante estas similitudes que llevan a la confusión en el diagnóstico, el DSM-IV establece que una persona sufre trastorno bipolar y no esquizofrenia si durante los episodios experimenta grandes oscilaciones de las emociones y de los niveles de energía o de actividad, y si sus delirios o alucinaciones aparecen después del inicio de los cambios de ánimo. Se diagnostica esquizofrenia si los delirios y alucinaciones se desarrollan antes de los cambios en el estado de ánimo o si persisten aún después de haber superado los síntomas depresivos o maniacos. Otro diagnóstico es el de trastorno esquizoafectivo, y es utilizado en los casos en que el psiquiatra considera que existe una combinación de esquizofrenia y un trastorno del estado de ánimo.

La distinción entre estos diagnósticos es muy importante en función del pronóstico, es decir, de las posibilidades de control de la enfermedad y la calidad de vida a futuro. Para el tratamiento médico, es imprescindible hacer la distinción.

Trastornos del estado de ánimo inducidos por abuso de drogas y alcohol

El trastorno bipolar presenta el índice más elevado de recurrencia en el abuso de alcohol o de otras sustancias, e inclusive algunos investigadores[7] han demostrado que sólo el trastorno antisocial de la personalidad supera en porcentaje el de los pacientes que ingieren drogas. Las razones son variadas, entre ellas se ha encontrado que los pacientes las usan como sedantes para contrarrestar los episodios maniacos, ya no como un método de automedicación, sino porque los síntomas maníacos incluyen la búsqueda de mayor excitación.

---

7   Brady y Lydiard, 1992, y Tohen y Zárate, 1999. Citados en: Newman, Cory, F., Leahy, Robert, L., Beck, Aaron, T., Reilly Harrington, Noreen, A., Gyulai, Laszlo, *El trastorno bipolar*, Editorial Paidós Mexicana, S.A., México, D.F., 2005.

La utilización y el abuso de estas sustancias en pacientes bipolares suele manifestarse con trastornos violentos, o ansiedad o con cambios de personalidad. Regularmente el abuso de sustancias provoca una serie de síntomas parecidos a los estados maniacos o depresivos, tales como:

- Episodio depresivo o maniaco.
- Es significativo que aparezcan los síntomas después de haber tenido un periodo de abuso de sustancias.
- Los síntomas de alteración del estado de ánimo disminuyen al dejar de tomar la sustancia en cuestión.
- Fuera de los efectos de la sustancia en cuestión, la persona no ha sufrido ningún episodio maniaco o depresivo.

Las sustancias identificadas como detonantes de los síntomas de manía y depresión son la cocaína, anfetaminas, LSD y heroína. Producen irritabilidad, hiperactividad y delirio. Por el contrario, el abuso del alcohol no produce un estado maniaco, pero sí llega a agravar un estado depresivo. El DSM IV distingue entre los síntomas provocados por el abuso de sustancias y los que se deben al trastorno bipolar. Las alteraciones del estado de ánimo que se deben al consumo de sustancias regularmente duran poco y desaparecen con mayor rapidez que los otros trastornos del estado de ánimo.

Lo que resulta peligroso es que el abuso de sustancias contribuya a provocar el primer episodio de un trastorno bipolar, es decir, que actúe como detonador de la enfermedad. Luego del primer brote por acción de las sustancias, el trastorno seguirá su propio curso. En ambos casos, cuando el trastorno bipolar está acompañado del consumo de drogas o alcohol, y cuando la persona sólo ha tenido los síntomas por consumo de sustancias, es muy probable que el médico recomiende que siga algún programa de desintoxicación o una psicoterapia para contribuir a superar el problema de farmacodependencia.

Trastorno de ansiedad

Se considera que casi el 20% de los pacientes que presentan el trastorno bipolar, experimentan ansiedad. Esta información es algo contradictoria con la información sobre los los síntomas de depresión bipolar, ya que ésta se caracteriza por anergia y apatía en lugar de agitación y ansiedad, y los pacientes que se encuentran en un estado maniaco puro dan la impresión de no experimentar ninguna preocupación.[8] No obstante, los síntomas de la ansiedad son característicos en los episodios mixtos y frecuentemente se presentan junto con algunos de orden psicótico, sobre todo de índole paranoide.

A las personas con ansiedad les resulta difícil controlar el estado de constante preocupación debido a una amplia gama de acontecimientos o actividades; así, pueden estar en un estado de expectación aprensiva por su rendimiento laboral o escolar que podría perdurar varios meses.

Las manifestaciones más frecuentes de la ansiedad son:

- Inquietud o impaciencia
- Fatiga fácil

---

8   Himmelhoch, J. M., 1991, citado en: Newman, Cory, F., Leahy, Robert, L., Beck, Aaron, T., Reilly Harrington, Noreen, A., Gyulai, Laszlo, *El trastorno bipolar*, Editorial Paidós Mexicana, S.A., México, D.F., 2005.

- Dificultad para concentrarse
- Irritabilidad
- Tensión muscular
- Alteraciones del sueño (dificultades para conciliarlo o mantenerlo, o sensación de no haber descansado después de haber dormido, entre otras).

Todos estos síntomas de ansiedad y preocupación provocan malestar clínicamente significativo o deterioro social, laboral o de cualquiera de las otras áreas importantes de la actividad del individuo.

Cómo distinguir los síntomas del trastorno bipolar de las características de personalidad

La definición más completa de personalidad la considera la forma más acabada del desarrollo humano: "La personalidad constituye el nivel más complejo de regulación psicológica, pues en ella se encuentran los elementos explicativos de las conductas más complejas del hombre..."[9] El autor, Fernando González Rey, explica que al nacer no tenemos una personalidad ya conformada, sino que la construimos a partir de las condiciones socioculturales e individuales; que es resultado de una estructura motivacional, en la que el nivel de conocimiento de la realidad y las relaciones afectivas juegan un papel determinante; que responde a un esquema de valores aprendidos; que utiliza el pensamiento

---

9   González Rey, Fernando, *Psicología de la personalidad,* Editorial Pueblo y Educación, La Habana, 1990, p. 12.

como herramienta y que nos orienta a tomar decisiones y a
realizar planes y proyectos de vida.

Tomando en cuenta estas consideraciones, podemos
decir que la personalidad está constituida por características
particulares que definen a un individuo y dirigen sus sentimientos, actitudes, hábitos y conductas, distinguiéndolo
de los demás.

Hay distintos puntos de vista con respecto al modo
en que ocurren los cambios de personalidad que sufre el
paciente bipolar. Los pacientes temen que los episodios maniacos o depresivos puedan cambiarles la personalidad o el
carácter, y la inquietud es válida, ya que aun cuando el médico psicoterapeuta explique que las alteraciones se deben
al trastorno y que una vez pasada la etapa crítica tenderá
a regresar a sus características de personalidad comunes,
las condiciones "normales" no aparecen como por arte de
mágia. Una razón por la que se aprecian cambios después
de padecido un episodio agudo es que algunos síntomas
disminuyen en forma tardía, como puede ser la agresividad, o los pacientes se muestran menos sociables. Existen
algunos cambios en sus actitudes, hábitos y relaciones con
los demás, y esos cambios responden a que sus condiciones
de vida han cambiado también. Por una parte, su mundo
de relaciones se transforma y esto no depende sólo de los
pacientes, en virtud de que su familia puede tener actitudes
exageradas; por ejemplo, tratarlos como inútiles o incapaces, creyendo que esto ayudará a que se sientan mejor. Una
situación similar puede presentarse en el medio laboral. El
paciente cambia con respecto a sí mismo y a su posición
ante la vida; quizá tenga que modificar sus objetivos, trabajo y actividades, que antes eran de su interés y ahora pasan
a segundo término.

Aceptar o negar la enfermedad tiene mucho que ver con estos supuestos cambios de carácter; quienes rechazan el diagnóstico quizá tomen decisiones que agudicen su trastorno, es el caso del abuso de alcohol o consumo de drogas. La aceptación debe tener una adecuada orientación, de lo contrario el paciente se mostrará tan angustiado por no volver a experimentar episodios agudos que modificará toda su vida en función de la enfermedad, bloqueando sus proyectos e intereses. Así, un paciente puede mostrarse obsesivamente preocupado por las cosas que lleguen a provocarle un episodio agudo, y evita salir a restaurantes, espectáculos, fiestas, de compras, o incluso presentarse a trabajar; todo esto lo hace estar recluido. Como podemos observar, estos pacientes se vuelven más obsesivos, nerviosos, inseguros de sí mismos, apáticos a acontecimientos sociales y, en general, temerosos de vivir.

No todos los pacientes muestran cambios extremos; los que más los experimentan son quienes han sufrido episodios agudos que han provocado eventos traumáticos, han visto su vida en peligro, o los que durante el episodio han causado daño a otras personas o el hecho les provoca vergüenza, humillación pública, o ha puesto al borde de la ruina económica a su familia.

Desafortunadamente muchos pacientes no son orientados adecuadamente o reciben información inexacta, que toman en forma literal. En algunos casos se les dice que su enfermedad es muy grave, que no deben tener hijos, que no podrán terminar una carrera profesional, o que la enfermedad los mantendrá hospitalizados por largos periodos. Es importante por ello hablar de los síntomas y quizá de las consecuencias, pero siempre anteponiendo las posibilidades que tienen de salir adelante, sin que ello implique mentir.

La orientación deberá ir encaminada a darle herramientas al paciente para que sea él quien controle la enfermedad y no al revés.

La causa de los cambios de carácter, fuera de los episodios de la enfermedad, puede relacionarse más con todos los trastornos sociales que el padecimiento conlleva, que con la enfermedad misma. La falta de información y los prejuicios de las personas que rodean al paciente distorsionan el pronóstico. La mayoría de los pacientes, cuando ya han pasado el trago amargo del primer impacto del diagnóstico y llevan un tratamiento adecuado, son personas productivas que mantienen buena relación con los que le rodean. Han borrado la sensación de que la enfermedad les domina y toman las riendas de su vida. Aún más, pueden controlar sus niveles de estrés, disminuyendo los factores de riesgo que podrían ocasionar un episodio agudo. Para lograrlo, es evidente que se requieren cambios, pero éstos no deben alterar su identidad, sus esperanzas y sus aspiraciones. Muchas personas creativas y productivas han convivido con esta enfermedad y el resultado ha sido de gran éxito, entre ellas han destacado músicos, representantes del arte y de la literatura, entre otros.

Determinar qué es parte de la enfermedad bipolar y qué corresponde a las características de la propia personalidad ayuda a entender y controlar el trastorno. Para contribuir a esta finalidad se presenta enseguida un instrumento de registro que ayuda a analizar y comparar los rasgos de la personalidad con los síntomas maniacos o depresivos. Cabe aclarar que se emplea sólo para tener una idea; los especialistas utilizan otros métodos para hacer la diferenciación.

Qué soy yo y qué es mi enfermedad[10]		
Marcar las características que procedan		
Rasgos de la personalidad		Síntomas maniacos o depresivos
	Fiabilidad	Euforia
	Seriedad	Grandiosidad
	Formalidad	Depresión
	Indecisión	Pérdida de interés
	Seguridad	Dormir demasiado
	Carácter abierto	Dormir poco
	Optimismo	Pensamiento acelerado
	Sociabilidad	Mucha energía
	Retraimiento	Hacer muchas cosas
	Ambición	Distracción fácil
	Espíritu solitario	Pensamientos suicidas
	Espíritu crítico	Sensación de fatiga

10 Miklowitz, David J., *El trastorno bipolar,* Paidós, México, D.F., 2005, p. 98.

Qué soy yo y qué es mi enfermedad[10]			
Marcar las características que procedan			
Rasgos de la personalidad		Síntomas maniacos o depresivos	
	Espíritu intelectual		Falta de concentración
	Afectuosidad		Irritabilidad
	Vehemencia		Sensación de inutilidad
	Pasividad		Temeridad
	Hablador		Marchoso (arrogante)
	Gusto por la novedad		Fuerte ansiedad
	Espontanei-dad		Lentitud
	Bullicioso		Acelerado
	Temeroso		Demasiado obsesivo
	Pesimismo		Impulsos agresivos
	Imprevisibili-dad		Desespera-ción
	Rebeldía		Pasividad excepcional

Reacción de pacientes y familiares ante el diagnóstico

En el doloroso proceso de aceptación de la enfermedad se experimenta miedo, ira, tristeza, culpa, decepción y probablemente desesperación. El diagnóstico del trastorno produce incertidumbre, esto se debe a que la enfermedad implica una serie de cambios en la dinámica del paciente, tales como asumir una participación distinta a la que tenía dentro de la familia, o ajustes en el trabajo o en las relaciones personales. Este proceso no sólo es difícil para las personas que sólo han padecido uno o dos episodios maniacos o depresivos, sino también para las que han estado internadas por la alteración del estado de ánimo.

También la familia del paciente experimenta un impacto ante el diagnóstico; sin embargo, es principalmente su acción lo que ayuda al paciente a ceder su resistencia y aceptar su condición y un tratamiento. La angustia que produce este impacto en la familia puede llevarla a tener actitudes sobreprotectoras y dar al paciente un trato de menor de edad, cuando regularmente es adulto o adolescente en el momento de la detección. De esta manera, el paciente no sólo tiene que enfrentar la enfermedad, sino también las actitudes de la familia, las cuales van desde la vigilancia constante hasta los crecientes intentos de controlar su conducta. En el medio laboral, los compañeros pueden modificar la forma de relacionarse con él y tener reacciones inesperadas, como temerle o compadecerlo; de esta forma, si el paciente no está preparado para enfrentar estas situaciones o no sabe cómo manejarlas puede tomar la decisión de separarse de su trabajo.

Las personas que tienen un fuerte temperamento, creen que sus episodios maníacos o depresivos sólo son exageraciones de su manera habitual de ser; les es difícil distinguir entre los síntomas y sus propias características de personalidad. Muchas personas que aparentemente ya han aceptado su diagnóstico, siguen su vida como si no les pasara nada, no llevan ningún tipo de tratamiento, o realizan actividades de riesgo como consumir drogas o alcohol. Apegarse al conocimiento de la enfermedad y de cómo enfrentarla, así como seguir los tratamientos recomendados por un especialista, es la mejor manera de enfrentar el diagnóstico. Probablemente existen muchas dudas y especulaciones sobre las consecuencias de este padecimiento, pero sólo adentrándose en el trastorno bipolar y en su desarrollo dentro de la propia persona, se podrán esclarecer estas interrogantes.

La aceptación es el primer paso para una nueva conquista: el control de la enfermedad. En el capítulo "Bipolaridad y adaptación al medio" se aborda qué hacer para lograrlo.   ■

CAPÍTULO III

POSIBLES CAUSAS DEL TRASTORNO BIPOLAR

La investigación de las posibles causas se ha intensificado por la alta incidencia del padecimiento y las afecciones a nivel social. A escala mundial, la depresión es la cuarta causa de discapacidad grave y el trastorno bipolar la sexta. Para el 2020, la depresión será la segunda causa más frecuente de discapacidad grave. Conocer las causas de la enfermedad puede mostrar el camino hacia su curación o, por lo menos, lograr su control total.

El trastorno bipolar se asocia con una elevada vulnerabilidad de las funciones nerviosas centrales, condicionada genéticamente o que se puede haber transmitido por herencia. Esto quiere decir que el cerebro ha heredado la posibilidad (sensibilidad) de enfermar y que de encontrar un factor detonante se manifestará en el individuo. Algunos de los factores detonantes pueden ser cambios hormonales, por lo que es lógico que algunos síntomas del trastorno bipolar aparezcan alrededor de la edad adolescente, o en mujeres durante o después de un embarazo. La enfermedad bipolar es multifactorial. El estrés podría detonarlas, aunque las evidencias científicas le dan más peso a los factores orgánicos. Se ha demostrado que el riesgo de un trastorno bipolar es más elevado cuando parientes consanguíneos ya lo han sufrido. Algunos profesionales recomiendan no ver el trastorno sólo como si fuera una enfermedad del cerebro o un problema psicológico, sino como ambos a la vez, influyendo una en el otro o viceversa.

Raíces genéticas
del trastorno bipolar

La genética determina un código de información con el que
cuenta cada individuo y no sólo se refiere a los elementos
que son percibidos a simple vista como las características
físicas, sino también las fisiológicas; así, podemos heredar
el color del pelo o de ojos, pero también la propensión a
algunas enfermedades o al mal funcionamiento de los órganos. Incluso los rasgos del carácter tienen un componente
genético. Actualmente, se sabe que los trastornos mentales
son hereditarios, por lo que se deduce que si la persona
presenta el trastorno bipolar, seguramente al observar su
árbol genealógico se encontrará que algunos familiares ya
lo han presentado, y aunque no sea exactamente del mismo
tipo, experimentan o manifestaron trastornos del estado
de ánimo, con varias formas de depresión.[11] Alrededor del
8% de los familiares (en primer grado) de una persona que
padece el trastorno bipolar puede también presentar esta
alteración, y cerca de un 12% tiene un trastorno depresivo
mayor sin episodios maniacos o hipomaniacos.

Los genetistas pueden llegar a determinar si la enfermedad en un paciente tiene nexos familiares y para ello
pueden hacer uso de métodos sofisticados de laboratorio,
pero también se apegan a la historia clínica del paciente y
el análisis de su árbol genealógico. En éste se consideran
todos los familiares que han presentado un trastorno bipolar del tipo I, II, una forma más leve como el trastorno

---

11 Gershon, E.S., *Genetics*, en F. K. Goodwin y K. R. Jamison (comps.), 1990,
    pp. 373-401.

ciclotímico (en el que se alternan periodos leves depresivos con hipomanía), o episodios depresivos mayores, leves y prolongados (distimia), así como cualquier otro trastorno mental (no necesariamente del estado de ánimo). El paciente y las personas allegadas a él pueden contribuir a este estudio recordando o buscando información sobre los familiares que han muerto por suicidio, o que en algún momento fueron incapaces de trabajar por alteraciones del estado de ánimo o quiénes presentan inestabilidad en sus relaciones afectivas (múltiples divorcios, por ejemplo), si alguno consume o consumía bebidas embriagantes o drogas en forma desmedida, tenía conducta agresiva o tendía al autocastigo. Será útil saber si hay quienes sean solitarios y se aíslan o aislaban durante varios días, si llevan o llevaban algún tratamiento médico prolongado y de qué tipo era, o bien, si alguno de esos familiares ingresó alguna vez en un centro psiquiátrico. Regularmente esta información genética se emplea para hacer un diagnóstico diferencial y contribuir a que la medicación sea la adecuada. Esta información sirve al paciente también para ayudarle a entender que no es culpable, ni él, ni sus antecesores, y para constatar el diagnóstico que ha recibido.

Los estudios que más se utilizan para demostrar la carga genética de la enfermedad son los realizados en pacientes que tienen un gemelo. Son gemelos univitelinos (de un solo óvulo), cuando comparten una conformación genética idéntica, y si uno de ellos presenta el trastorno, se ha encontrado que el otro tiene más del 50% de probabilidades de sufrirlo también. Por otra parte, los que son bivitelinos (de dos óvulos), sólo comparten el 50% de la carga genética y la probabilidad de presentar el trastorno, cuando a uno de los gemelos ya se le ha detectado, se reduce a una cuarta parte. Estos estudios también han probado que si la enfermedad fuera totalmente genética, entonces los pacientes gemelares tendrían el 100% de probabilidades de presentar el trastorno.

Una vez realizados los estudios genéticos es posible que no se detecte que algún familiar del paciente que haya presentado la enfermedad o resulte incierto su pasado patológico, ya que muchas veces lo que se considera características de la personalidad pudieran ser síntomas de algún trastorno afectivo (agresividad, carácter excesivamente dominante o que parezcan). Esto hace más difícil la exploración de las raíces genéticas. Puede ser que no existan parientes que han presentado trastornos afectivos y al paciente se le haya diagnosticado el trastorno bipolar, asociado también con otros factores responsables de su inicio. Se sospecha del abuso prolongado de ciertas sustancias, traumatismo craneal, de ciertas o enfermedades neurológicas o encefalitis, aunque siguen siendo hipótesis difíciles de comprobar. Actualmente algunos investigadores sostienen que el consumo crónico de algunas drogas como la cocaína, llega a desestabilizar el equilibrio neuroquímico (que por lo demás, agudiza los síntomas en los pacientes con el trastorno), o provoca alteraciones anímicas como irritabilidad e incluso episodios paranoides.

Existe la hipótesis de que la herencia genética de una persona interactúa con otras condiciones ambientales concretas para producir un trastorno bipolar. Esta hipótesis se genera a partir de la observación de que la herencia de aspectos físicos, como el color de ojos, es más fácil de determinar que la de un trastorno bipolar. Se cree que cuando éste se manifiesta el mecanismo es más complicado y no sólo tiene que ver con factores hereditarios sino con otros de orden social.

Acerca de la decisión de tener hijos

Frecuentemente los pacientes observan sus antecedentes genéticos como una forma de corroborar si es o no conveniente tener hijos. Aun cuando pueden consultar a su médico para que les dé algunas indicaciones al respecto con fundamento en lo que revisaremos a continuación, la respuesta sólo la tienen ellos mismos. En cuanto a la genética, sólo se puede saber que la probabilidad de transmitir el trastorno es de un 8%, y en todo caso hay otros aspectos por evaluar: si el paciente se siente con la capacidad de educar a un hijo; si la evolución del trastorno le incapacita para darle los cuidados que requiere; si su pareja está enterada y está de acuerdo en hacerse responsable mientras su pareja tenga dificultades; o bien, si su relación sentimental ha sido estable.

Es necesario tomar en cuenta que la planificación de un embarazo es muy importante, ya que como veremos en tratamientos farmacológicos, las dosis deben ajustarse para que la probabilidad de un nuevo episodio de enfermedad sea mínimo, y para evitar riesgos en el desarrollo del bebé. En la información acerca de los tratamientos farmacológicos se hace especial énfasis en las reacciones secundarias, e inclusive se recomienda tener un método anticonceptivo efectivo, ya en caso de embarazo el control médico debe ser estricto para evitar problemas durante la gestión.

La enfermedad bipolar de la mujer podría agravarse si se retira súbitamente la administración de medicamentos. Las dosis se ajustan gradualmente. La paciente embarazada debe contar con el apoyo de su pareja o familiares, ya que en estado depresivo o maniaco puede afectar también al hijo que está por nacer. En estos episodios puede descuidar la alimentación, tener déficit de sueño, una excesiva ansia de movimiento o impulsividad e inclusive presentar tendencia al suicidio.

Es conveniente planear el parto, buscar una clínica y un ginecólogo que esté al tanto de la enfermedad y del tratamiento farmacológico. Después del parto, cualquier mujer puede experimentar depresión, y esto hace que los médicos a cargo de la revisión ginecológica minimicen este síntoma, pero cuando se trata de pacientes bipolares es un momento muy delicado, y es conveniente dar continuidad al tratamiento con su psiquiatra. Si una mujer entra en un estado depresivo postparto, no quiere decir que no esté feliz de haber tenido a su bebé: son factores orgánicos relacionados con los cambios hormonales los que la hacen sentir de esta manera y no están relacionados con el nacimiento en sí. Los síntomas típicos de este episodio son inestabilidad, irritabilidad, tendencia al llanto, así como trastornos en el sueño y en el apetito. Todos disminuyen paulatinamente a medida que pasan los primeros 15 días después del parto, por lo que no es necesario llevar ningún tratamiento si no tiene el trastorno.

A reserva de la consulta con el pediatra, una mujer puede amamantar a su bebé sin dificultad, ya que al parecer la mayoría de los psicofármacos pasan a través de la leche materna pero en muy baja concentración; no obstante, si el bebé requiriera algún fármaco habría que analizar si no está contraindicado considerando la ingesta de psicofármacos por parte de la madre. Hay medicamentos para tratar el trastorno bipolar que están contraindicados para la lactancia como es el caso del litio, y debe recordarse que hay organismos que reaccionan a algunas sustancias, por eso se sugiere tomar precauciones al respecto.

Raíces bioquímicas

¿Cómo trabaja el cerebro y qué pasa en él cuando se encuentra en un desequilibrio funcional? Saberlo ayudará a que el paciente y sus familiares puedan entender por qué es importante la medicación en el control del trastorno bipolar.

Aparentemente, uno de los principales problemas en la enfermedad bipolar es la función defectuosa del intercambio de sustancias en el cerebro. A este intercambio de sustancias se le denomina "neuroquimica", y constituye toda una ingeniería en su estructura; es la manera en que se comunica nuestro sistema nervioso, a través del flujo de sustancias químicas llamadas neurotransmisores, que viajan de un grupo de neuronas (células del sistema nervioso) a otros. De esta manera se realizan las operaciones psíquicas más complejas. Las estructuras que constituyen el cerebro deben estar en condiciones adecuadas para que todo el "sistema" funcione.

En la sintomatología del trastorno bipolar los neurotransmisores tienen un papel importante, sobre todo la serotonina, la norepinefrina, la dopamina, el *GABA* (ácido gamma-aminobutírico) y la acetilcolina, que actúa en combinación con otros mensajeros químicos. El flujo de neurotransmisores en personas sin alteraciones varía de acuerdo con los ciclos del sistema que regulan; por ejemplo, en el de sueño-vigilia, por la noche aumenta la producción de algunos como la serotonina, pero por la mañana disminuyen y aumentan la presencia de otros. En el trastorno bipolar no existe la autorregulación de este sistema y se produce un descontrol del sistema de mensajeros químicos, lo que da como resultado las alteraciones anímicas. Entonces, no sólo hay repercusiones en el ánimo, sino también en otras funciones relacionadas. En nuestro ejemplo del ciclo sueño-vigilia hay alteraciones en los periodos de sueño.

Se considera que la debilidad o vulnerabilidad biológica heredada por los pacientes con trastorno bipolar, puede permanecer latente durante largos periodos, y manifestarse con un disparador o detonante. Puede tratarse de un factor estresante, como la pérdida de un ser querido o el consumo excesivo de alcohol y/o drogas e inclusive por tomar antidepresivos sin control médico.

Los niveles de producción los neurotransmisores pueden ponderarse con estudios de sangre o de orina; sin embargo, el resultado tal vez no sea sustancial para el tratamiento. El estudio puede arrojar información acerca de que la norepinefrina baja en un periodo depresivo en algún paciente y se eleva en otro en una fase maniaca.[12] Esto sólo indica que algo no funciona bien, pero no sabemos con exactitud que es lo qué ocurre en el cerebro.

Algunos investigadores consideran que la enfermedad bipolar también puede deberse a modificaciones patológicas del tejido cerebral y sus efectos en las funciones anímicas, y basan sus conclusiones en estudios realizados con tomografías computarizadas u otras técnicas de imagen, donde pueden observar y comparar la actividad de cerebros sanos con otros lesionados (con destrucción de células nerviosas por enfermedades neurodegenerativas o de alguna otra índole). Por ello no descartan la posibilidad de la existencia de lesiones en el tejido cerebral como una causa probable de la bipolaridad.

---

12 Manji, H. K., "The neurobiology o bipolar disorder", *TEN: The economics of neuroscience*, núm. 3, 2001, pp. 37-44.

Desórdenes en el biorritmo

Los biorritmos o "ritmos circadianos" nos permiten regular nuestro organismo. Entre los principales están el de la respiración (inspiración-expiración), el cardiaco (sístole-diástole), el del sueño-vigilia, y los hormonales, como la menstruación. Estos ritmos también se determinan genéticamente y tienen que ver con nuestro ritmo ante la vida, como el de sueño-vigilia, mediante el cual nos acostumbramos a dormir en horarios más o menos fijos y periodos relativamente estables (ocho horas, por ejemplo).

El ciclo de sueño-vigilia se altera en pacientes con trastorno bipolar, para ellos esto sólo se ve reflejado en los cambios que acompañan al episodio agudo que experimenten. En el caso de la depresión, regularmente duermen más, y en la manía el sueño suele disminuir considerablemente. Se cree que las personas con trastorno bipolar tienen una sensibilidad muy alta a los cambios en los biorritmos, por mínimos que parezcan. La alteración en el ciclo sueño-vigilia también desestabiliza el estado de ánimo. Por ello, para un paciente con el trastorno será un factor de riesgo pasar una noche en vela, ya que se ha observado que esto le puede conducir a un episodio maniaco, mientras que en otros en estado depresivo la privación del sueño puede mejorar el estado de ánimo.

En relación con el ritmo del funcionamiento hormonal, la producción de elementos químicos trae consecuencias en la actividad física, mental y, por supuesto, en los estados emocionales, por ello las personas que padecen el trastorno bipolar son altamente sensibles a cambios bruscos, sobre todo las mujeres cuando inician periodos menstruales o en el trascurso y término de un embarazo.

El estrés en el trastorno bipolar

Otro factor detonante de trastorno bipolar es el estrés. La primera manifestación de la enfermedad va precedida de un acontecimiento estresante, y aunque no se ha descubierto el mecanismo exacto con el que se desencadena de un trastorno bipolar, se sabe que el estrés interviene notablemente. Se cree que la enfermedad permanece en un "estado de latencia" durante mucho tiempo, y que cuando las circunstancias estresantes alcanzan un nivel incontrolable, la vulnerabilidad o predisposición biológica y los desórdenes bioquímicos se expresan a través de los síntomas del trastorno.

Aun cuando los factores biológicos influyen en las reacciones psicológicas y emocionales, existe la posibilidad de que también ocurra a la inversa. De esta manera, una persona que aparentemente no sufre alguna alteración patológica anímica, es vulnerable; sin embargo, a una enfermedad de este tipo, que puede desencadenar un evento estresante como un parto o la pérdida de un ser querido. En los subsiguientes episodios, los factores de estrés intervienen cada vez menos. Al parecer esto ocurre así porque un área del cerebro (amígdala) facilita el desencadenamiento la actividad maniaca o depresiva. Cuando el paciente ya ha manifestado la enfermedad es más sensible a las situaciones estresantes, y aunque no sean extremas, éstas denotan el episodio maniaco o depresivo.

Los factores estresantes como una ruptura sentimental, problemas laborales, la pobreza, el desamparo por la pérdida de la vivienda, la desaparición de familiares o amigos, producen un gran impacto en el ánimo de una persona que tiene una especial sensibilidad emocional. Los acontecimientos críticos o catastróficos pueden ser también una grave carga incluso para las personas que cuentan con estabilidad emocional; la diferencia es que éstas tenderán a regresar a un equilibrio y el hecho no desata una enfermedad recurrente.

Un hecho o evento que lleve al paciente a realizar un cambio radical en su vida puede constituir un factor que lo lleve a una recaída. Los cambios pueden tener una carga positiva o negativa, pero ambos tendrán un efecto en el paciente bipolar. Los cambios de carga positiva son todos aquellos que de alguna manera implican beneficios económicos o sociales.

El complejo funcionamiento del medio social y cultural determina en gran medida cómo es que dos personas pueden reaccionar en forma muy distinta ante un mismo evento del choque emocional.

Finalmente, debemos estar conscientes de que todos estos factores detonantes del trastorno bipolar están ahí pero aún hay dudas en cuanto a los mecanismos específicos a través de los cuales contribuyen a la aparición del padecimiento. Sin embargo, estamos seguros de que la ciencia avanza a pasos agigantados y que en un futuro tendremos mayor información y por lo tanto mayor control de la enfermedad.

Los especialistas difícilmente hablan de un pronóstico, es decir, no hay plena seguridad de que bajo cierto tratamiento la evolución de la enfermedad llegará a un estado determinado, y esto no se puede lograr porque los síntomas del trastorno son muy variados de un paciente a otro. Esta heterogencidad de la enfermedad bipolar no permite que se puedan describir con precisión sus consecuencias a largo plazo. No obstante, se pueden apuntar algunas conclusiones:

a) Que el trastorno bipolar no disminuye o desaparece en forma espontánea.

b) Que exige una intervención farmacológica en una inmensa mayoría de los casos, como parte del tratamiento.

c) Que al abandonar, retrasar o interrumpir el tratamiento se tiende a empeorar con el tiempo.

d) Que igualmente empeora el paciente cuando consume alcohol u otras sustancias.[13]

También se puede afirmar que los trastornos bipolares I y II, aunque están muy relacionados entre sí, son cualitativamente distintos, ya que representan diferentes niveles de gravedad. El II representa la forma menos *virulenta* porque no llega a tener episodios maniacos completos.

A pesar de las dificultades para dar un pronóstico seguro, es importante que el paciente entienda que, aunque, no se ofrece que con el tratamiento desaparezca la enfermedad, es indispensable que se comprometa a seguirlo como se le indica, porque de esta manera habrá, sin duda, alguna mejoría, hasta lograr un control del padecimiento. Y que el tratamiento no sólo es farmacológico, sino que se requiere también el psicoterapéutico.   ∎

---

13 Véase Newman, *op cit.*, pp. 32-35.

CAPÍTULO IV

TRATAMIENTOS

E xisten varias alternativas para el tratamiento del trastorno bipolar, y cabe aclarar que se describen sólo para dar una idea más clara de cada una y así ayudar al paciente. Para recurrir a ellas debe analizarse con sus médicos de tal manera que ellos determinen cuál es la que de acuerdo con el diagnóstico será una mejor opción.

Farmacológico[14]

El tratamiento farmacológico sólo se puede llevar a cabo bajo prescripción médica, ya que administrarse un medicamento por cuenta propia o por sugerencia de alguien que lo ha tomado no es la mejor decisión. Las razones del estricto apego a las indicaciones médicas aluden al alto nivel de peligrosidad de ingerirlas sin un previo estudio de la salud del paciente. Los fármacos utilizados para el tratamiento de la bipolaridad tienen acción directa sobre la neuroquímica.

El cerebro humano actúa por medio de impulsos nerviosos que se generan en las neuronas y que llevan

---

14 Véase: Wormer, Eberhard J., *Bipolar, depresión y manía*, Ed. Robin Book, Barcelona, 2003, pp. 79-123.
    Miklowitz, D. 2005. *op cit.*,, pp. 147-167; Newman, C. *op cit.*,, pp. 133-142; En Internet: drromeu.net/trastorno_biphtmolar

información química de un grupo de neuronas a otro. Así, la comunicación es producida por mensajeros químicos llamados neurotransmisores. La neuroquímica responde a una estructura compleja, en la que los neurotransmisores se combinan en armonía, por lo que una modificación en la producción de alguno de ellos puede llegar a alterarla y mostrar consecuencias en el funcionamiento del organismo. Como ya se ha mencionado en el capítulo referente a las causas del trastorno bipolar, una de ellas es que se presentan alteraciones en dicha estructura neuroquímica. El tratamiento farmacológico pretende lograr el equilibrio neuroquímico del que carece el paciente bipolar, administrando sustancias que favorezcan la producción de los neurotransmisores que se han reportado escasos, o bien, inhibiendo la producción de los que se han detectado en exceso. Dadas estas circunstancias, sólo quien tenga los conocimientos necesarios y la autorización para prescribir medicamentos que modifiquen el funcionamiento químico, podrá determinar qué tratamiento farmacológico deberá seguir un paciente. Antes de recetar el médico especializado realiza una serie de estudios, para considerar, por una parte, el diagnóstico del paciente y, por otra, si se lleva otro tratamiento que sea contraindicado, o cualquier otra particularidad. Todos los medicamentos utilizados hasta ahora presentan efectos secundarios y algunos muy graves, por lo que tienen que cuidar la dosis específica para cada paciente: lo que para algunos puede ser fatal, en otros puede ser sólo un efecto pasajero.

Existen distintos tipos de psicofármacos, que se agrupan en estabilizadores anímicos, antidepresivos, neurolépticos clásicos y atípicos, así como otras sustancias activas alternativas.

Estabilizadores anímicos

Permiten evitar la severidad y la frecuencia de los trastornos episódicos bipolares y prevenir episodios agudos mientras los pacientes se encuentran en periodos libres de afecciones. Tienen efecto tanto antimaniaco como antidepresivo.

Litio. Se considera altamente efectivo; sin embargo, se recomienda tener cuidado con las dosis, ya que la diferencia entre la dosis terapéutica y la tóxica es muy pequeña. Los efectos secundarios varían de paciente a paciente, se ha encontrado sensación elevada de sed, constantes ganas de orinar, retención de líquidos, trastornos en la función renal, trastornos intestinales, náuseas y diarrea. En embarazadas aumenta el riesgo de aborto y puede causar deformaciones congénitas, por lo que su uso obliga a administrar anticonceptivos. En los casos en que se ha presentado sobremedicación se observan temblores intensos, trastornos de coordinación, náuseas, vómitos, habla confusa, colapso de la circulación sanguínea, apatía, y también se han alcanzado dosis letales.

Ácido valproico (valproato). Es un eficaz antiepiléptico utilizado desde 1978 en los Estados Unidos, posteriormente se descubre que tiene efectos rápidos en periodos maniacos y funciona como estabilizador anímico. Es menos tóxico que el litio. Entre los efectos secundarios se han encontrado dolencias estomacales y somnolencia, leve temblor de manos, pérdida de cabello. También se indica el uso de anticonceptivos ya que puede causar deformaciones congénitas.

Carbamacepina. Igual que el valproato, este medicamento es un antiepiléptico y se descubre su efecto estabilizador anímico en los pacientes que además de tener epilepsia presentaban bipolaridad. Para los pacientes que utilizan la carbamacepina es importante que su médico sepa cuándo inició con este medicamento, ya que se deben ajustar las dosis a las necesidades de su organismo. Los efectos secundarios varían de acuerdo con el inicio de la aplicación, pueden ser pasajeros o depender de las dosis. En el primer periodo se manifiestan molestias como somnolencia, mareos, vómitos, cansancio y disminución de glóbulos blancos. Posteriormente pueden aparecer afecciones cutáneas alérgicas. Aunque no hay evidencia clara de afecciones hepáticas se recomienda tener control de los índices hepáticos en la sangre.

Así como el ácido valproico y la carbamacepina, existen otros antiepilépticos utilizados como estabilizadores anímicos en el control de los trastornos bipolares. Topiramato, Lamotrigina, Gabapentina, todos ellos tienen efectos positivos; sin embargo, no dejan de tener efectos secundarios que deben ser tomados en cuenta por los médicos que los administren.

Antidepresivos

Los periodos depresivos en los trastornos bipolares pueden ser tratados con antidepresivos; sin embargo, se debe tener en cuenta que su uso puede llevar al paciente a desencadenar síntomas maniacos. Existen muchos tipos de antidepresivos y están clasificados de acuerdo con distintas propiedades. Algunos se agrupan por su semejanza en la estructura química (tricíclicos), otros por su acción sobre alguna sustancia (inhibidores selectivos de la recaptación de serotonina, a este grupo pertenece el tan conocido Prozac, y otro grupo más: conocidos como antidepresivos atípicos (inhibidores de la Monoaminooxidasa (IMAO) o de segunda generación buscaban tener más ventajas y menos efectos secundarios que los dos grupos anteriores, no obstante también los muestran. Los efectos secundarios de los antidepresivos varían de acuerdo con el grupo: en los tricíclicos se presenta sequedad en la boca, trastornos circulatorios y de la visión; en los que inhiben la recaptación de serotonina existe la posibilidad de sufrir trastornos gastrointestinales y ocasionalmente náuseas al comienzo del tratamiento; entre los atípicos se han detectado trastornos del sueño, sudoración intensa, mareos, aumento de peso y trastornos en la función sexual. Algunos expertos en la administración de fármacos en el trastorno bipolar consideran un gran error no considerar a los antidepresivos como adictivos. Existen alternativas para disminuir todos los efectos secundarios, siempre con orientación profesional.

Neurolépticos clásicos y atípicos

Los neurolépticos son antipsicóticos y tienen un efecto tranquilizante en los pacientes, los mantiene carentes de emociones y puede causar muchos trastornos secundarios. No obstante, cuando se conoce un diagnóstico exacto puede ser la sustancia más adecuada para prescribir, sobre todo en casos maniacos graves o depresivos con delirios y alucinaciones. Es efectivo tanto en pacientes depresivos muy agitados como en maniacos. Estos fármacos han sido objeto de mucha controversia por su efecto antipsicótico y en lo relativo a la dosis adecuada. Los efectos secundarios pueden ser sequedad de boca, estreñimiento, visión borrosa, no se sabe si el paciente puede llegar a acostumbrarse a los efectos. Su problema principal es un influjo desfavorable en el tono muscular, el movimiento y la coordinación. Los neurolépticos atípicos fueron desarrollados para que los pacientes no sufrieran efectos secundarios que afectaran la locomoción, y al parecer algunos lo logran, pero cuentan con sus propios efectos secundarios, tales como obnubilación, sequedad en la boca, mareos, debilidad y en algunos casos aumento de peso.

Terapia electroconvulsiva

Debido a que en sus inicios (hace unos 120 años) la Terapia Electroconvulsiva (TEC) fue un procedimiento brutal y muy desagradable, en la actualidad no es aceptada por la sociedad. No obstante, cabe hacer algunas consideraciones que la colocan en un plano alternativo para los trastornos bipolares.

Actualmente la TEC cumple con todas las normas y reglas y se practica con anestesia, quienes la efectúan opinan que es muy efectiva en los episodios depresivos y maniacos de la enfermedad bipolar. Entre sus ventajas se describe una clara y rápida mejoría en pacientes con periodos agudos de depresión o manía, en los casos en los que los pacientes han rechazado otros tratamientos. El mecanismo de la TEC se explica así: "durante el ataque convulsivo se activan de un modo simultáneo y rítmico las células nerviosas del cerebro. Tiene lugar un reparto masivo de neurotransmisores".[15] Los resultados de este reparto

---

15 Wormer, E., *op cit.*, p. 122.

masivo se comparan con un "reinicio" de computadora que tiene lugar en las células del cerebro, lo que se traduce como mejoría en el paciente. También la TEC tiene efectos secundarios, cuando el efecto de la anestesia termina el paciente se siente mareado y aturdido. En dos terceras partes de los pacientes se han observado alteraciones de la memoria, como el olvido de los sucesos más recientes; sin embargo, se reporta que en casi todos los casos la memoria de los pacientes queda totalmente restablecida. Una ventaja sobre los antidepresivos es que con la TEC no aumenta el riesgo de oscilaciones drásticas del ánimo.

Sólo los especialistas que llevan el tratamiento podrán decidir si ésta es la mejor alternativa para un paciente, o bien, si él o su familia están interesados pueden preguntar a su médico qué tan conveniente sería la TEC en su caso en particular. Normalmente la terapia electroconvulsiva se usa cuando la persona bipolar experimenta una severa depresión y no ha respondido a los medicamentos y al tratamiento en general.

Estimulación magnética transcraneana

Surgida apenas hace dos décadas, la estimulación magnética transcraneana (EMTC) es una nueva alternativa de tratamiento para trastornos mentales. Ha aportado una gran cantidad de conocimientos útiles para la construcción de modelos experimentales y que nos ayuden a comprender el funcionamiento del cerebro. Esta técnica se fundamenta en el potencial de los campos magnéticos para generar actividad eléctrica en el tejido cerebral, de manera controlada y en un área específica. La técnica ha sido utilizada desde 1984 para el estudio de las redes neuronales y de los procesos que se llevan a cabo en la corteza cerebral, para establecer nuevas estrategias para la rehabilitación de las neuronas (células del cerebro).[16]

Se coloca una bobina magnética sobre la cabeza, la energía electromagnética que de allí se desprende tiene efecto en las células nerviosas dentro del cráneo. Se considera que es una alternativa de tratamiento muy suave, tanto porque parece que el efecto no es estrictamente claro, como porque no se observan efectos secundarios que afecten al paciente.

Los investigadores como el Dr. Orozco, tienen una postura: no se puede negar la existencia de alteraciones biológicas entre las causas de las enfermedades mentales. Existe un espectro en el que convergen distintas enfermedades y cuyas manifestaciones varían según la severidad de la enfermedad.

La EMTC se ha venido utilizando como tratamiento antidepresivo desde 1994, y según los reportes, puede utilizarse para producir un efecto contrario estimulando la misma área del hemisferio cerebral contrario. El resultado de la estimulación depende del sitio donde se aplicó.

A pesar de los beneficios de esta terapia, no se encuentra exenta de riesgos y reacciones adversas, entre los cuales se cuentan crisis convulsivas, algunos efectos que deterioran aspectos cognitivos, así como cambios de ánimo, efectos transitorios en los niveles hormonales, cambios en el umbral auditivo y quemaduras en la superficie del cuero cabelludo.

---

16 Orozco Cabal, Luis Felipe, Bermúdez Rey, Lina, *La estimulación magnética transcraneana: una herramienta para la neuropsiquiatría,* neuro6@yahoo.com

Estimulación del nervio vago

Desde 1938 la estimulación del nervio vago (ENV) se ha utilizado como tratamiento para los pacientes con epilepsia de difícil control, es decir, los que no responden al medicamento y ya están ingiriendo las dosis más altas permitidas. De acuerdo con investigaciones realizadas y la observación de los pacientes este tratamiento también tiene un poder antidepresivo, y esto se debe, según se cree, a que el nervio vago tiene conexiones sensoriales aferentes (que llevan información) con regiones del cerebro involucradas en este padecimiento. En relación con esto, los investigadores han observado que la depresión está asociada con disfunciones del sistema nervioso autónomo, mediado por el nervio vago, e incluso se piensa que pueden existir anormalidades en regiones del cerebro controladas por este nervio y que, teóricamente, al estimularlo podría engranar el circuito disfuncional.[17]

La ENV es la manera que se ha encontrado para llegar a estructuras internas en forma selectiva; su acción antidepresiva es indirecta, ya que al estimular el nervio vago se estimulan a su vez otras estructuras que son parte del sistema límbico, con ello se incrementa el ritmo y la frecuencia de intercambio de neurotransmisores involucrados en la depresión, como son la Noradrenalina, la Serotonina y la Dopamina.[18]

---

17 Bender, K. J., "Study Expands on Vagus Nerve Stimulation for Depression", *Psychiatric Times*, 2001, abril, vol. XVIII, núm 4, citado en: Ignacio Zarragoitia Alonso, "La estimulación eléctrica del nervio vago en el tratamiento de la depresión", 2005.
E-mail: ignacio.alonso@infomed.sld.cu

18 Grunhaus L, Dannon PN, Schreiber S., *Repetitive transcranial magnetic stimulation is as effective as electroconvulsive therapy in the treatment of non-*

El procedimiento consiste en la implantación quirúrgica de un marcapasos en el cerebro. El marcapasos cuenta con un electrodo que hace contacto con el nervio vago, así como con un generador de impulsos que se coloca en el pecho.

Los efectos secundarios son relativamente leves y al parecer, tienden a disminuir con el tiempo. Entre los más comunes son: tos, disfonía, parestesias (sensaciones anormales en la faringe), dolor cervical, y alteración del tono de voz. La disfonía y la sensación anormal en la faringe son más frecuentes y molestas si el tratamiento se lleva a cabo con parámetros de estimulación alta.

Algunos especialistas han considerado esta técnica muy eficaz en el control del trastorno bipolar; sin embargo, no es accesible a toda la población que la requiere, ya que el costo es muy elevado y no se realiza en todas partes del mundo. Además, no obstante los resultados obtenidos, es una técnica que aún está en un proceso experimental, por lo que no se puede generalizar acerca de su efecto antidepresivo.

Cura de restricción del sueño

Este tipo de intervención toma en cuenta que los pacientes con trastorno bipolar a menudo presentan insomnio, y en un esfuerzo por prolongar el sueño permanecen demasiado tiempo intentando dormir. El excesivo tiempo gastado puede fragmentar el sueño y perpetuar el insomnio. La terapia

---

delusional major depressive disorder: an open study.1 Biol Psychiatry. (2000) 47:314-324. Y Ben-Menachem E, Hamberger A, Hedner T, Hammond EJ, Uthman BM, Slater J. Effects of vagus nerve stimulation on amino acids and other metabolites in the CSF of patients with partial seizures. Epilepsy Res (1995); 20:221-7. Citados en: Zarragoitia Alonso, I. op cit.

de restricción del sueño reduce a estadios moderados la pérdida del mismo, y favorece un inicio más rápido, profundo y eficiente de la hora de dormir.

A este tratamiento nuevo se le denomina agripnia. Al parecer, ha dado algunos resultados positivos en episodios depresivos y se recomienda complementarlo con una terapia estabilizadora del ánimo. De hecho, la privación del sueño se propone como potenciadora de los fármacos antidepresivos, ya que el efecto de la agripnia es de poca duración.

Cuando un paciente presenta algunos síntomas de demencia como resultado de una depresión, la restricción del sueño logra visible mejoría, tan es así, que algunos psiquiatras la utilizan para distinguir estos síntomas de los de la demencia real, ya que esta última empeora al restringirse las horas de sueño.

Uno de los riesgos que conlleva es que puede haber un cambio anímico drástico que conduzca a la manía. Por otra parte, al parecer su efecto sólo se manifiesta a corto plazo, y se considera que puede ser causante de recaídas.

Terapia luminosa o fototerapia

Al parecer surge al observar que los pacientes presentan periodos agudos de depresión durante las estaciones más sombrías y frías del año. Este proceso, traducido a lenguaje neuroquímico es algo complicado, pero grosso modo, lo que sucede es que la luz o la oscuridad informan al cerebro para que secrete o inhiba la liberación de hormonas y neurotransmisores responsables del funcionamiento del organismo. Una de las hormonas más importantes es la melatonina, que se libera entre las nueve de la noche y las ocho de la mañana. La ausencia de luz puede prolongar la secreción de esta hormona, lo que disminuye la temperatura corporal y obliga a compensar esta situación con la ingesta de calorías, ya sean azúcares o carbohidratos. Con el aumento de la melatonina, disminuye la serotonina en el cerebro, y con la reducción del nivel de este neurotransmisor se llega entre otras cosas a la depresión.

La fototerapia pretende mejorar el estado de ánimo del paciente mediante la radiación de una luz clara; consiste en exponer al paciente cada día a una luz artificial fluorescente, que simula la luminosidad de un día soleado, lo que aumenta la producción de los neurotransmisores encargados de estabilizar el estado de ánimo. Los psiquiatras y psicoterapeutas recomiendan permanecer por algunos periodos expuestos al sol; sin embargo, para mejorar sus resultados y evitar algunas consecuencias es conveniente hacerlo por prescripción del especialista.

Existen profesionales que se dedican a brindar este tipo de atención, y además hay opciones para realizar esta terapia en casa, sólo es necesario recibir algunas instrucciones y supervisión médica para evitar riesgos. Lo primero que se debe tomar en cuenta es que debe hacerse en la primera hora de la mañana, con sesiones de 10 a 15 minutos y sólo se aumentará el tiempo con la indicación del supervisor. Hay que revisar que la lámpara cumpla con los requisitos para no dañar la retina, guardar una distancia no menor de 35 centímetros y no mirar directamente la luz. Se debe hacer otra actividad mientras se recibe la luz.[19]

Tener la opción de adquirir una lámpara, que podrá ser utilizada en el lugar que el paciente considere más cómodo

---

19 Sierra, Masbernat y Camps, citados en "Fototerapia", página de internet: www.consumer.es

sin necesidad de trasladarse a un consultorio, es realmente una gran ventaja. Sobre todo si se compra según indicaciones de un profesional, pues hay que tomar en cuenta que la lámpara sea de buena calidad, que esté hecha especialmente para aminorar los efectos de la depresión y que cuente con una pantalla que filtre la luz ultravioleta. De esta manera se podrán obtener mayores beneficios y se evitarán algunos de los problemas que resultan del mal uso.

Aunque el tratamiento no es agresivo, se debe tomar en cuenta que el abuso en el tiempo de exposición es capaz de producir lesiones en la retina, dolores de cabeza, fatiga, irritabilidad excesiva, hiperactividad y disminución del sueño. Aunque estos síntomas tienden a desaparecer en unos días, es aconsejable acudir al médico cuando aparezcan, antes de continuar con el tratamiento. Otro efecto secundario, producto de la exposición por largos periodos, es que puede llevar a estados hipomaniacos.

Una de las desventajas es que los resultados no son a corto plazo, pasan varias semanas hasta ver alguna mejoría. Por esta razón es recomendable la administración paralela de otro tratamiento estabilizador anímico.

No es recomendable llevar a cabo la fototerapia en las últimas horas del día, ya que puede producir insomnio o dificultades para conciliar el sueño. En los niños el control médico debe ser más estricto, ya que se ha reportado que en algunos casos la exposición luminosa puede desencadenar crisis epilépticas en los pacientes que tienen predisposición genética a este padecimiento. Es difícil determinar a quién no debe administrarse, probablemente un dato importante se encuentra en los antecedentes de epilepsia en la familia.

Una recomendación importante al llevar a cabo esta terapia, que debe ser administrada a través de los ojos, es consultarlo con el oftalmólogo, para asegurarse de que no exista algún padecimiento que contravenga el tratamiento luminoso.[20]

Psicoterapia

La terapia farmacológica tiene desde su aparición, alrededor de cincuenta años; antes, la única alternativa para los trastornos bipolares era la psicoterapia. Actualmente se recomienda que mientras el paciente sigue un tratamiento medicamentoso debe asistir a algún tipo de terapia psicológica, de esta manera se ataca no sólo el problema orgánico responsable de la enfermedad, y además se trabaja a nivel psicoprofiláctico para que los problemas en un paciente tengan solución y no generen más conflicto en él. La psicoterapia también contribuye dotando al paciente de información sobre su padecimiento y la forma de convivir con el trastorno, y así tener mayor seguridad ante los nuevos eventos.

A la fecha encontramos diferentes tipos de psicoterapia, las hay de grupo y personalizadas; hay tantas como corrientes psicológicas existen. Entre ellas mencionamos la terapia conductual (o del comportamiento), psicoanalítica, cognitiva o gestáltica, sistémica (basada en la estructura familiar), terapia del ritmo social y las terapias psicosociales entre otras. Como en todos los tratamientos, cada paciente se adapta mejor a uno en particular, por lo que a continuación damos una breve descripción de cada terapia mencionada para tener una idea general y elegir la que se acomoda mejor a sus necesidades.

---

20 Consultar la página de internet: www.consumer.es

La *psicoterapia de grupo* permite al paciente compartir sus experiencias, sentimientos y problemas. La intención es que se identifique con otros pacientes y aprenda de ellos. El psicoterapeuta guía al grupo de manera que aprenda a resolver problemas y no sólo a desahogarse. Trabajar en grupo permite observar y aprender de otras experiencias y poner en práctica estrategias para la solución de problemas. Constituye una excelente base de datos que impulsará al paciente a convertirse en una persona capaz de solucionar sus problemas y apoyar a los demás. Personas con trastorno bipolar que reciben consejos prácticos para vivir con el desorden anímico, reportan que es muy valiosa la guía de los miembros del grupo para entender cómo afecta sus relaciones y sus actitudes.[21]

La *terapia personalizada* también logra grandes avances; sobre todo en casos de depresión y se ha considerado, por diversas investigaciones, que actúa como antidepresivo. La psicoterapia básica pone al paciente en el primer plano; elementos clave son el diálogo y la cercanía humana. Saberse escuchado y comprendido cambia la forma de conocer a los demás e interactuar con ellos. Otra característica de la psicoterapia es su función catártica. Un paciente expresa libremente sus ideas, los problemas y las situaciones que le generan angustia, y en el momento mismo de externarla se permite reorganizar esta información y tener otro ángulo de su experiencia. Una vez externados sus planteamientos realizará, con ayuda del psicoterapeuta, un análisis que lo lleve a realizar cambios en los elementos y vínculos de su realidad. Ésta puede ser la intención general de las distintas psicoterapias; sin embargo, lo que determina la diferencia

---

21 Véase, www.bipolarweb.com

fundamental es la filosofía en la que se basan, la forma de abordar los problemas y las estrategias que establecen junto con el paciente para lograr cambios.

Terapias personalizadas existen muchas, y como ya habíamos comentado se desarrollan de acuerdo con la orientación del psicoterapeuta. Una de las más conocidas es la *terapia psicoanalítica*, creada por Sigmund Freud (1856-1939). También dentro de esta orientación existen múltiples variantes, ya que a lo largo de su historia han existido notables exponentes que han contribuido al desarrollo de sus teorías. Regularmente se utiliza la conversación, y también hay terapias de grupo y familiares. En ellas el terapeuta explora las situaciones problemáticas que constituyen el fondo de una enfermedad. Se analizan los conflictos del paciente, que se pueden hacer más claros y expresarlos de manera consciente. Se trabaja sobre las contradicciones internas, los miedos irracionales, las experiencias de enfermedad o de lesión psíquica, con la finalidad de encontrar alternativas de solución. Presta especial interés al desarrollo psicológico del paciente dentro de su ámbito familiar y las relaciones que establece con las personas que lo rodean.

La *psicoterapia conductual* intenta trabajar de un modo pragmático sobre los síntomas y los efectos que se manifiestan en el comportamiento de los pacientes. Se les pregunta sobre la génesis y la evolución de su problemática, sobre sus estrategias de superación. Posteriormente, terapeuta y paciente determinan los esquemas de comportamiento que deben ser modificados y otras particularidades para alcanzar sus objetivos. Se establecen actividades positivas, que reportan ser de gran utilidad en pacientes con depresión. También se entrenan sus capacidades sociales. El objetivo es lograr la autoafirmación y reducir la ansiedad al relacionarse con el entorno social. La motivación hacia el contacto con las otras personas y la capacidad de manifestar un reconocimiento razonable o una crítica acertada, permite que el paciente maneje distintos métodos de relajación que lo ayudan a reducir su nivel de ansiedad.

Otra alternativa de psicoterapia es la *cognitiva*, con sus distintas maneras de llevarse a cabo, que en general aporta al paciente otro sistema de análisis perceptual de los objetos y las situaciones que lo rodean. Existen algunos reportes que afirman que ha sido de ayuda en pacientes que presentan depresión.

El modelo cognitivo toma en cuenta que existe una alteración biológica en los pacientes con trastorno bipolar, que da como resultado cambios extremos del estado de ánimo. Analiza el papel de los sucesos de su vida y de los factores ambientales que generan estrés. El terapeuta ayuda al paciente a conocer todos los aspectos que intervienen en su enfermedad, para que participe en su tratamiento de una manera activa y eficaz.

En la terapia cognitiva, el paciente aprende que su tratamiento no es un proceso pasivo, que no se limita a la conversación ni a la verbalización de los pensamientos, y que se basa en la colaboración activa entre paciente y psicoterapeuta. Ambos abordan con atención el examen de los temas prioritarios con el objetivo de hacer algo respecto de ellos, sin limitarse a reformularlos. El terapeuta utiliza una serie de técnicas para que los pacientes acumulen conocimientos y establezcan planes para aplicar lo que han aprendido mediante tareas o ejercicios que deben realizarse entre sesiones.[22]

---

22 Newman, Cory F., *et al.*, *op cit*, pp. 43-69.

La *terapia sistémica* tiene un enfoque basado en la estructura familiar, en la que cada individuo juega un papel fundamental. Considera que todas las afecciones pueden revertirse realizando en el engranaje familiar las modificaciones pertinentes. Una de sus principales ventajas es que el sujeto no se siente señalado como el enfermo, ya que cada uno de los otros miembros desenmascara las ventajas que obtienen al tener a quien atribuir todos los conflictos de la familia, su directa participación para que el enfermo continúe de esa manera. Una vez que la familia ha comprendido su situación, participa activamente en reorganizar la dinámica familiar, donde no sólo el paciente es beneficiado sino también el sistema que lo engloba. Algunos terapeutas consideran importante mantener informada a la familia sobre la patología bipolar para que disponga de estrategias efectivas. Además de su efectividad el tratamiento en grupo disminuye el costo de atención, lo que suaviza el grave problema económico que viene aunado al padecimiento de la bipolaridad.

Otros tipos de terapias han surgido a partir de la observación de las alteraciones en el ciclo sueño-vigilia de los pacientes, una es la *terapia interpersonal y del ritmo social*. Los especialistas que la practican han constatado que las alteraciones en este ciclo traen como consecuencia perturbaciones en las actividades de orden social, como el trabajo, la profesión, el tiempo libre, la familia, y se ha desarrollado un procedimiento de terapia que se concentra tanto en la estabilización de estos ritmos como en la gestión del estrés. El objetivo es lograr el control tanto del estado de ánimo como de los factores que se ven afectados. Esta terapia propone llevar un registro diario de los estados de ánimo del paciente y también de su rutina. Las anotaciones son revisadas en sesión con el terapeuta, y entre otras cosas identifican los conflictos y el estrés en las relaciones del paciente con su medio ambiente. Paciente y terapeuta trabajan para detectar el estrés emocional o físico y los factores del ambiente que perturban el ritmo diario y la estabilidad emocional. Entre sus metas establecen lograr un balance saludable entre la estabilidad del ritmo diario, la actividad, la estimulación social y los estados de ánimo.[23]

La *neuropsicología* también constituye una alternativa para los pacientes bipolares, en múltiples casos se observan dificultades cognitivas, tales como alteración de la atención, la memoria y el lenguaje, lo cual ocurre no sólo durante los periodos activos de la enfermedad, también en los periodos libres de síntomas. La evidencia de estas alteraciones cognitivas en pacientes con trastorno bipolar es más sutil que la de otras enfermedades mentales como la esquizofrenia, no obstante hay un impacto real en la calidad de vida y la adaptación social de quienes lo padecen. La neuropsicología puede ayudar a discernir si las disfunciones cognitivas se deben al trastorno bipolar, o si ya existían o bien si son producto del tratamiento farmacológico.[24]

La conjunción de las técnicas de neuroimagen y las evaluaciones neuropsicológicas han logrado la identificación de las funciones cognitivas y se espera que cada vez tenga mejores resultados en su tratamiento.

La alternativa no recomendada es la hospitalaria, y aunque se entiende que los familiares toman esta decisión en un momento de desesperación, se considera que

---

23 Véase www.bipolarweb.com

24 *Revista de psiquiatría*, Facultad de medicina de Barcelona, 2000, 27(4): 202-214

es importante ubicar alguna otra y dejar esta opción sólo para los casos en los que hay riesgo de suicidio. En el peor de los casos, habría que buscar clínicas psiquiátricas que coordinan actividades para evitar el ocio en los pacientes, e intentan prepararlos para la vida laboral y su integración a la sociedad, tales como terapia de trabajo, terapia artística, musical y psicoeducación. Las terapias artística y musical también tienen un efecto catártico, lo que permite hacer evidentes los propios sentimientos, así como descubrir la creatividad expresiva. ∎

CAPÍTULO V

Bipolaridad y adaptación al medio

Algunas consideraciones para mejorar la calidad de vida

Debido a la complejidad del diagnóstico, no todos los pacientes corren con la suerte de contar con un tratamiento adecuado y, por otra parte, cada paciente tiene características particulares; no existe un tratamiento estandarizado efectivo y apropiado. Como ocurre en otras enfermedades, los pacientes buscan alternativas y segundas opiniones hasta encontrar una opción adecuada a sus necesidades. A continuación planteamos algunas orientaciones básicas que podrían contribuir a mejorar la calidad de vida de los pacientes con el trastorno.

Superar el impacto del momento de recibir el diagnóstico de cualquier enfermedad no es una situación fácil, y menos en pacientes que están experimentando una fase depresiva, por lo que son muchas las cosas que tendrán que realizar junto con las personas que le ofrecen su acompañamiento y estimación. Una infancia y adolescencia aparentemente normal crea la idea de que siempre la vida transcurrirá de esa manera; sin embargo, la mayoría de las personas no permanecen de por vida sin complicaciones o en un continuo confort. Quizá deberíamos recibir orientación para tener la posibilidad de entender que estamos en un constante devenir y con él vamos transformándonos paulatinamente, y que esto nos obliga a modificar nuestros hábitos, relaciones, objetivos y actividades tomando en cuenta nuestras condiciones psíquicas, físicas y fisiológicas y sus variaciones.

Definitivamente, la primera reacción ante la noticia será de rechazo. Se entiende perfectamente la desesperación que puede causar, sobre todo porque la edad de inicio promedio de los síntomas es de alrededor de 20 años, justo cuando se empieza a disfrutar de la autonomía, el momento en el que se toman decisiones importantes que orientarán la existencia, tales como elegir una carrera u ocupación, o de tener alguna pareja; se hacen los primeros planes y proyectos, que determinan el lugar que se quiere ocupar en la vida. Todas estas situaciones hacen que la resistencia al diagnóstico sea muy fuerte.

Lo mejor es darse tiempo, y quizá buscar otra opinión que ayude a entender que la enfermedad ya estaba ahí, desde la "programación" genética de la persona, que no responde a ningún castigo, y que, aunque no hay tratamiento que la erradique, los hay para tener un magnífico control de las emociones. Tomar la determinación de impedir que la enfermedad controle al paciente será una primera batalla ganada y aunque haya pocas o muchas modificaciones en los planes futuros, lo más importante es llevarlos a cabo.

Algunas recomendaciones que hace el Dr. Eberhard J. Wormer[25] para el reestablecimiento de una vida normal son:

En el ámbito familiar:

- Fijar la responsabilidad familiar que el paciente estime adecuada.

---

25 En *Depresión y manía*, Ed. Robin Book, Barcelona, 2003, p. 181.

- Organizar y cumplir el desarrollo de la actividad diaria.
- Establecer prioridades.
- Identificar sus propios factores personales de estrés y desarrollar estrategias para prevenirlos.
- Aceptar ayuda razonable de la familia para superar las tareas laborales diarias.
- ¡No aislarse, es mejor participar en la vida!

En la escuela:

- Ser consciente de que, al principio, resultará muy difícil concentrarse.
- Informar a los profesores, si se considera oportuno, acerca de una posible discapacidad.
- Informarse sobre las posibilidades de tomarse "tiempos muertos", de relajamiento, esporádicos.
- Cultivar los contactos con los profesores de la escuela o la universidad.
- Cultivar los contactos con los compañeros de colegio y de estudios.

En el trabajo:

- Informar a los jefes, si se considera oportuno, acerca de su discapacidad.
- No exigirse demasiado; trabajar en principio sobre la base de una jornada reducida, pues eso constituye una circunstancia perfectamente normal para una afección médica.
- Aumentar lentamente el ritmo de trabajo.
- Cultivar los contactos con colegas o jefes.

La afección va y viene (recidiva) y comúnmente los pacientes creen que el tratamiento médico sólo deben tomarlo mientras se presenta el episodio agudo; sin embargo, a reserva de las indicaciones del médico, generalmente es necesario que se administre todo el tiempo, incluyendo los intervalos libres de síntomas. Muchos pacientes encuentran ilógico tomar el tratamiento si verdaderamente se sienten bien; sin embargo, se sienten bien porque se encuentran en una fase de inactividad o porque la medicación ha ejercido su acción controlando todos los síntomas, pero dejar el medicamento es permanecer a merced del azar en el caso de recaídas. La probabilidad de una recaída por lo menos en los dos primeros años asciende a un 80%, posteriormente sigue existiendo el riesgo de volver a presentar un episodio agudo. Además, la suspensión del medicamento en forma voluntaria no permite controlar algunos efectos que pueden llegar a ser catastróficos.

Cómo mejorar el control del ánimo

Algunos terapeutas sugieren que el tratamiento para los pacientes bipolares se conduzca en forma holística, esto es, que abarque todas las esferas de la vida del paciente. Un tratamiento holístico[26] considera que una persona no puede cambiar una parte de su vida sin cambiar todas las otras partes que la conforman.

Las primeras condiciones importantes por modificar tienen que ver con la forma en que el paciente se sitúa en su

---

26 Fast, Julie, Preston, John, Psy. D., *Loving someone with bipolar disorder*, New Harbinger Publications, Inc., Oakand, CA, 2004.

realidad, qué tan responsable es de sí mismo, si es autodisciplinado y si tiene un estilo de vida saludable. La tarea de tan sólo reflexionar sobre esta situación resulta complicada, ya que la sociedad en que vivimos no acostumbra tener ninguna de estas normas. Sin embargo, es posible llevarlas a la práctica, sobre todo cuando se entienden los beneficios que traerán consigo.

La etapa siguiente será analizar las fuentes de estrés que se encuentren en el entorno del paciente. Es recomendable que al menos durante la fase del primer trastorno bipolar, se evite caer en estos factores generadores de estrés extremo para ayudar a la estabilización del ánimo.

Mantener un estilo de vida saludable implica un cambio en los hábitos alimenticios, incorporar el ejercicio como práctica cotidiana, evitar el consumo de bebidas embriagantes y drogas y mantener una rutina satisfactoria de sueño. La alimentación tiene que ser equilibrada en cuanto a nutrientes, en cantidades moderadas, responder a horarios fijos y evitar dietas rigurosas.

Deben evitarse a toda costa las recaídas, y para lograrlo está la constancia y el seguimiento del tratamiento médico. El desorden puede ser progresivamente más severo sin el tratamiento adecuado y debe considerarse que el medicamento no hace todo el trabajo, es necesario complementarlo con terapias dirigidas a disminuir el estrés y, como ya se ha mencionado, el estilo de vida debe ser modificado. En cuanto al uso de fármacos, cada persona afectada debe desarrollar su propio método individual para que la toma del medicamento sea eficaz; por ejemplo, designar un lugar específico para guardarlo, programar un reloj que funcione como memoria para tomarlo a tiempo, poner en un pastillero las dosis. Ayuda a conocer cuál es la mejor manera de controlar el ánimo.

Muchas veces el paciente tiene más información sobre la enfermedad que algunos de los médicos que lo atienden; por esta razón, es conveniente hacer amigos o buscar asociaciones o grupos de personas que comparten los mismos síntomas. De esta manera, podrán ser orientados y entendidos por quienes ya han recorrido el camino que a otros les falta transitar. Un especialista en trastorno bipolar puede tener el conocimiento teórico y la experiencia de tratar a muchos pacientes, pero cada uno de éstos es distinto y tiene características peculiares, mientras que una persona que se ha dedicado a estudiar sobre su propia enfermedad sabe qué pasa exactamente y tiene la experiencia para saber qué hacer y cómo prevenir situaciones agudas de la enfermedad. Ha habido pacientes que encuentran el patrón de su enfermedad, el mismo que les previene sobre la llegada de una fase de trastornos bipolares, así el enfermo puede observar si está durmiendo menos, si está más intranquilo, irascible, o si ha perdido la disciplina en la administración de medicamentos. Con estas observaciones de sí mismo puede entender que es momento de consultar con su terapeuta y médico para que le ayuden a prevenir un episodio agudo. Algunas recomendaciones, además de mantenerse al pendiente de sus síntomas, es que logre describir, por escrito, la evolución de su estado de ánimo a lo largo de distintos periodos. Hacerse experto en su padecimiento puede ser una de las mejores herramientas para enfrentarlo. Además, el conocimiento de los síntomas hace a los pacientes más seguros de sí mismos.

El registro de las emociones puede ayudar a detectar cómo oscilan los estados de ánimo. Para reconocer cuándo se encuentra cerca un episodio maniaco o depresivo, es necesario recordar cuáles son las características de cada uno. Para ello el paciente puede tener presente lo siguiente: "Un episodio depresivo se manifiesta a menudo por trastornos de concentración, sensación de excesiva exigencia, debilidad de estímulos, pérdida de la autoestima, susceptibilidad ante lo que dicen y piensan los demás sobre uno mismo, miedos de superación, dudas sobre sí mismo o incapacidad de tomar decisiones. Y un episodio maniaco se manifiesta a menudo por trastornos de concentración, inconstancia, sensación de energía ilimitada, arrogancia, trastornos de sueño, disminución de la necesidad de dormir, aumento de la autoestima, intranquilidad y movimientos impulsivos, incremento de la irritabilidad y tendencia a las peleas".[27] Muchos pacientes logran detectar qué factores desencadenan síntomas del trastorno (manía, depresión, episodios mixtos), por ejemplo. Algunos les afectará en forma exagerada recibir algún tipo de desprecio por parte de personas afectivamente cercanas a ellos.

El registro puede ser anotado por el mismo paciente en forma espontánea; no obstante, existe un formato que utiliza el NIMH (Hospital General de Masachusetts), el *Systematic treatment enhancement program for bipolar disorder* (Sachs, 1993, 1998)[28] para facilitar la tarea. Esta hoja de registro se proporciona, para que oriente sobre el tipo de información que los pacientes necesitan informar. Se puede obtener de la página de Internet en www.manicdepressive. org donde además vienen las instrucciones para que sea llenada.

---

27 Wormer, Eberhard J., 2003, *op cit.,* p.185

28 Sachs, G.S., Mood chart, Boston, *Harvard Bipolar Research Program*, 1993, disponible en: www.manicdepressive.org

HOJA DE REGISTRO DEL ESTADO DE ÁNIMO

TRATAMIENTOS (anote el no. de pastillas ingiridas cada día)		
antipsicótico __mg		
antidepresivo __mg		
antiepiléptico Depakote ___mg		
Benzodiazepina _mg		
litio ___ mg		
psicoterapia		

Registro del estado de ánimo	año/mes	
Notas diarias		

0=normal 1=leve 2=moderado 3=grave		
irritabilidad		
ansiedad		
horas de sueño la noche pasada		

Depresivo		
Problemas importantes INCAPAZ DE TRABAJAR	grave	
problemas importantes CAPAZ DE TRABAJAR	mod.	
Sin problemas importantes	leve	

DLN		
ESTADO DE ÁNIMO NI BAJO NI ELEVADO, SIN SÍNTOMAS. Rodear la fecha para indicar la menstruación		

Maníaco		
sin problemas importantes	leve	
problemas importantes CAPAZ DE TRABAJAR	mod.	
problemas importantes INCAPAZ DE TRABAJAR	grave	

síntomas psicóticos, ideas extrañas, alucinaciones		

*NOTA: DLN= Dentro de los límites normales. Adaptado de Gary Sachs (copyright 1993) con autorización

Después de todas estas sugerencias e indicaciones, lo que sigue parecerá contradictorio y tal vez un poco absurdo: Si los pacientes siguieran las instrucciones en forma literal, el resultado podría no ser totalmente benéfico. Cuando un paciente relata su jornada diaria y se observa que su obsesión por cumplir lo indicado se ha vuelto una especie de conducta supersticiosa, por ejemplo, si anota: "si tomo una copa de vino en el cumpleaños de Mary, será definitivo que entre en crisis otra vez", "el ruido excesivo me ha llegado a alterar en otras ocasiones, así que mejor no iré a la fiesta" y "me han invitado a un desayuno (donde asistirían personas que admira por su trabajo y desea conocer) pero si hoy no hago ejercicio de seguro por la tarde empezaré a deprimirme nuevamente", hay que revisar el caso. El terror de los pacientes por recaer en episodios agudos hace que se sientan desesperados, tanto que cualquier cosa que pase en su entorno podrían sentirla agresiva, así que deben tomarse precauciones, ya que una cosa es cuidar el estilo de vida y otra muy distinta es que se vuelva una obsesión que convierta al paciente en un total inadaptado social. Es muy importante la actitud que se tenga ante la vida, así quien muestra miedo de vivir no logra disfrutarla y esto vale para todos con o sin trastornos. Entre otras cosas, por esta razón es recomendable asistir a psicoterapia, para aprender a gozar de la propia existencia, para que la calidad de vida sea la más confortable, resolviendo las tensiones y las preocupaciones.

"Es interesante la idea del filósofo Karl Popper, que dice —simplificando mucho— que la profecía horrenda del oráculo a Edipo se cumplió precisamente porque éste la conocía e intentó esquivarla. Y justo lo que hizo para escaparse de ella, fue lo que llevó al cumplimiento de lo que había dicho el oráculo".[29] Aunque ya sabemos que el origen de la enfermedad es multifactorial, no debemos perder de vista el papel que juega el estrés, así que estar tensos por evitar el estrés es un problema que no sabemos en qué puede parar. Watzlawick sostiene que en ciertas circunstancias autocumplimos las profecías, y que estas condiciones pueden ser cualquier tipo de expectación, temor, convicción o simple sospecha de que las cosas evolucionarán en el sentido de cumplirse y no en otro. Basta que estemos convencidos de que sucederá, y la expectación puede ser desencadenada tanto desde fuera o por algún convencimiento interno. Desde este punto de vista, la expectación se convierte en una realidad inminente, y de ser así consideramos mucho más positivo que la profecía esté enfocada hacia el control de la enfermedad y no hacia el miedo a recaer en episodios agudos. Se recomienda allegarse todos los materiales informativos, contactar asociaciones de personas que conviven con el trastorno bipolar y, por supuesto, no dejar su tratamiento; seguramente entre todo esto el paciente encontrará las circunstancias idóneas que le permitan estar seguro de que la enfermedad puede controlarse.

La doctora Fast[30] da otra sugerencia para llevar un registro y trazar un plan de tratamiento en el que participe el paciente, para ello hace una serie de reflexiones, a saber:

- El paciente debe considerarse un estudiante del trastorno bipolar y como tal tiene que hacer anotaciones de la información que le será útil.

---

29 Watzlawick, Paul, *El arte de amargarse la vida*, Herder, Barcelona, 2003.

30 Fast, Julie, Preston, John, Psy. D., *Loving someone with bipolar disorder*, New Harbinger Publications, Inc., Oakand, CA, 2004.

- Será útil un diario de actividades que sólo sea de acceso al paciente, con notas privadas. Pueden ser escritos o dibujos, lo que le sea más fácil e ilustrativo.
- El diario de actividades permitirá distinguir qué de su comportamiento es parte de su personalidad y qué corresponde a las características del trastorno bipolar.
- Las anotaciones permiten desahogarse e incluso llorar sin que estén presentes otras personas cercanas como familiares o amigos. En estas circunstancias no se les involucra o lastima.
- Resulta un momento propicio para explorar temas muy serios que antes no se habían enfrentado.
- Escribir ayuda a sacar las cosas en un momento propicio y no hacerlo en momentos inadecuados.
- Le ayuda a crear un plan que regule sus interrelaciones personales.
- El dolor es mitigado tanto como se escribe. Se considera que escribir o dibujar la forma como se vive un hecho o evento particular tiene un efecto terapéutico.

Cualquiera que sea la opción que el paciente adopte para estudiarse a sí mismo y conocer cada detalle de su vida cotidiana permitirá prever y manejar mejor las situaciones que enfrenta para mantenerse estable.

Ante la inminencia de una fase aguda, gracias a los nuevos conocimientos sobre sí mismo y sus condiciones, el paciente entenderá qué le sucede, cómo se producen los acontecimientos, y podrá tomar las medidas preventivas que su médico le ha recomendado. También puede llevar a cabo una serie de acciones que le permitan jerarquizar sus responsabilidades, para que logre hacer lo que le causa menos estrés, y posteriormente los trabajos más complicados y laboriosos. Si su episodio agudo es maniaco, que procure estar en lugares que no tengan tantos estímulos que le afecten como lugares públicos de excesivo ruido. Hacer ejercicios de relajación le ayudará.

En resumen, son muchas las acciones que un paciente puede realizar para ampliar al máximo los periodos de bienestar y reducir los conflictivos. Inicialmente lo más importante es detectar cuáles son los factores de riesgo en el caso particular. Los más comunes son: los cambios radicales en la forma de vida, tales como la pérdida del trabajo, el finalizar o empezar una nueva relación sentimental, el nacimiento de un hijo; el abuso del alcohol u otras sustancias; dormir poco por cambiar de huso horario, desvelarse en forma frecuente; mantener conflictos familiares o interpersonales e inconstancia en la mediación, así como dejar deliberadamente u olvidar de repente el estabilizador del estado de ánimo.

Las recomendaciones para evitar los factores de riesgo son: observar y controlar el estado de ánimo y los disparadores de sus cambios, lo cual puede hacerse con el registro diario; mantener una rutina diurna y nocturna constante; es decir, ser disciplinado en sus hábitos alimenticios y de sueño; contar con apoyos familiares y sociales, estableciendo una comunicación clara con ellos y pedir ayuda en forma oportuna a personas de confianza en caso de emergencia. Hacer esto, además de seguir con constancia un tratamiento médico y psicológico.

La autodisciplina es un aspecto importante, ya que se debe organizar la actividad cotidiana de tal manera que las responsabilidades apremiantes tengan solución a la brevedad posible y no esperar a otro momento, ya que no hay seguridad sobre qué condiciones de tensión habrá posteriormente.

Cómo puede ayudar la familia al paciente bipolar

La noticia del diagnóstico de enfermedad bipolar es recibida casi con el mismo impacto por el familiar directo del paciente que por el mismo paciente. Ninguna persona en su sano entendimiento se alegraría o tomaría la noticia con indiferencia; por el contrario, se entra en una fase de angustia y desesperación. Los familiares regularmente piensan en ese momento que no está en sus manos ayudar al enfermo.

El solo hecho de superar el impacto y buscar alternativas es un aliciente para quien la padece. También los familiares se vuelven expertos en la materia, en su afán de buscar información que les oriente y ayude a superar el padecimiento. Quizá lo primero que hay que entender es que el comportamiento excesivo o "raro" que su familiar o pareja muestra no es una representación, sino una manifestación del trastorno y que no está en manos del paciente modificarlo sin apoyo. De esta forma puede dejar de presionársele para que haga o deje de hacer cosas que considera molestas, o incluso que antes se pensaba que fingía para llamar la atención.

Así como el paciente tiene que aprender a modificar y jerarquizar sus actividades y llevar a cabo acciones disciplinadas para controlar todos los factores que pueden afectarle, también los familiares están en la necesidad de contribuir a facilitar este cambio en la jerarquía de actividades e incluso a modificar las propias. Ser disciplinado en sus hábitos dentro de una familia totalmente indisciplinada, es una tarea por lo demás imposible o muy difícil de lograr. Por ello, para que el paciente pueda ser más disciplinado, toda la familia o su pareja tendrán que serlo. Cuanto más distintos sean los hábitos de la familia de los que se exigen al paciente, más posibilidades habrá de que éste se sienta aislado e incomprendido por quienes lo rodean, y que sea tratado como el "enfermo" no sólo no ayuda, sino que provoca la tendencia a experimentar con más facilidad episodios depresivos.

Los familiares que no tienen suficiente información pueden etiquetar al paciente como perezoso, falto de voluntad o incapaz. Regularmente estos conceptos no nacen de un día para otro, sino que pueden ser papeles que la misma familia ha asignado a un miembro de la familia por una serie de características que observan en él. Por esta razón tampoco es fácil ni rápido que la familia comprenda que no son características voluntarias del paciente. En la mayoría de los casos, aun cuando ya han comprendido que padece una enfermedad y sus alcances, y que ésta no le permite controlar en forma voluntaria ciertas actitudes, se muestran descontrolados y no saben cómo quitarles las etiquetas que ya le habían asignado. En esta situación es recomendable asistir a una terapia, para reestructurar la dinámica familiar y orientarse sobre cómo propiciar las condiciones que requiere el paciente para lograr la seguridad en sí mismo.

Informarse acerca de la enfermedad del familiar y estar interesado en ayudarle es una manera de demostrar el amor que se le tiene. A veces es importante aplicar los cambios en el estilo de vida que se sugiere, primero en los familiares y luego en el paciente; de esta manera será más fácil para el paciente hacer modificaciones cuando los familiares que viven con él también los han adoptado. Si por alguna razón no puede informarse (por estar hospitalizado o negarse a ser atendido), los familiares deben tomar la iniciativa y ayudarle en los cambios requeridos.

Qué hacer para prevenir episodios agudos

Es indispensable estar preparado para enfrentar junto con el paciente los episodios agudos que puedan presentarse, pero sobre todo lograr la profilaxis (prevención) de él.

Frecuentemente al recibir el diagnóstico del familiar o pareja, se inicia un proceso en el que se presentan una serie de sentimientos de culpa, por varias razones. La primera es culpar al que ha transmitido la genética del trastorno, si el enfermo es el hijo habrá discusiones entre los padres por encontrar al supuesto culpable y aunque a veces los reclamos no son abiertos, existen agresiones que los dejan entrever. Otra reacción puede estar enfocada a los sentimientos de culpa luego de haber "maltratado" al paciente por acciones que no estaban bajo su control y debido a la incomprensión que en su momento se presentó por parte de ellos. Si el diagnóstico es tardío también generará culpa por no haber ayudado al familiar enfermo a asistir al médico o al terapeuta. Para estar en condiciones de ayudar al paciente, los familiares tendrán que resolver todos estos sentimientos de culpa, para que eviten todas las acciones que realizan para "reparar" algo de lo cual se sienten responsables y que no necesariamente son lo más sano para el paciente. El lugar apropiado para resolver las culpas es de nuevo una terapia familiar o incluso individual.

Cada familia tiene distintas formas de organizarse y en función de ello podrá hacer las modificaciones pertinentes para que la relación interpersonal con el paciente resulte de gran ayuda, por ello lo que pudiera servir a una familia quizá no sea de gran utilidad en otra. Esto significa que es necesario que cada familia construya nuevas alternativas junto con los especialistas que les apoyen. Con esta advertencia, deben tomarse las sugerencias que se dan a continuación:

Ante pacientes depresivos es importante que no ocurran saltos en las conversaciones, sino concentrarse en un solo tema; ocasionalmente si está en una fase aguda pueden alterar el tiempo de reacción del paciente tanto en sus movimientos como en la comprensión de lo que los demás hablan, por lo que habrá que tener paciencia y esperar a que reaccione ante una instrucción aumentando su capacidad para escuchar; es importante para ellos describir como se sienten. No es conveniente dar consejos o proponer soluciones a los problemas que plantean, ya que el paciente no está en posibilidad de llevarlos a cabo (al menos por el momento). Si la persona se irrita fácilmente debe comprender que este impulso no responde a la relación que tiene con usted, sino al malestar que experimenta, por lo que no debe molestarse por ello. Y será de mucha ayuda evitar temas conflictivos sobre los que aun en los intervalos libres de síntomas no han llegado a ningún acuerdo.

En pacientes maniacos la estructura familiar puede presentar a los otros miembros como débiles o víctimas de aquellos . La afección bipolar en la manía, es un trastorno grave que abarca y ejerce su efecto sobre todas las personas que están en el círculo del afectado. En este caso también debe tenerse claro que el paciente está fuera de su control y aunque éste considere tener siempre la razón, no le es posible entender lo contrario. Ante esta situación la principal sugerencia es no entrar en discusiones que no le llevarán a ninguna parte y sólo exaltarán más al paciente. En todo caso es más efectivo prevenir aspectos que coloquen a la familia en riesgo de quedar en la quiebra o resolver situaciones que el paciente fuera de control ha provocado (como la devolución de compras innecesarias). Es muy comprensible que los familiares experimenten situaciones estresantes que no pueden controlar y que por ello requieran atención profesional como los mismos pacientes.

Es de mucha ayuda para el paciente evitar estímulos de gran intensidad, auditivos o visuales, por lo que es conveniente evitar reuniones frecuentes, reducir el volumen de la música. Las conversaciones con el paciente deben tocar temas realmente importantes, de modo que sean breves y se eviten discusiones, reclamos que aludan a su estado exaltado o que evidencien que sus ideas están fuera de la realidad. Los familiares directos son los que deben orientar a los demás sobre cómo conducirse con el paciente y no al revés; en esto se tiene que ser firme y actuar con conocimiento de lo que le sucede al paciente.

Es aún más difícil enfrentarse a las acciones del paciente que sobrepasan su tolerancia, éste es el caso de los familiares de una persona maniaca, ya que están siempre tensos y molestos por el maltrato que reciben del paciente y porque las acciones que llega a realizar pueden ser extremas, tales como infidelidad, abuso de sustancias tóxicas o alguna otra que desestabilice la economía o la armonía de la familia. En estos casos no existen recetas a seguir, cada caso es distinto y es importante analizar el contexto en el que se dan los eventos para llegar a tomar decisiones que mejoren la situación y no que la empeoren.

Lo primero que hay que tomar en cuenta es que el paciente en una fase aguda carece de conciencia de su estado, y por ello las acciones que realiza en esta fase están fuera de su control. Por ello, tomar una decisión extrema en ese momento no será conveniente para nadie, como pedir el divorcio o correr al hijo de casa. Por lo menos se debe esperar a que pase la fase aguda, analizar nuevamente lo sucedido, y entonces tomar decisiones que convengan a todos.

Es conveniente tener un teléfono de emergencia del médico que atiende al familiar afectado, con ello se prevé qué hacer cuando la manía está gravemente acentuada y el paciente llega a agredir físicamente a alguien.

La familia del paciente bipolar tiene que estar preparada para enfrentar cualquiera de las fases que el afectado presente. La información sobre su padecimiento, las medidas para evitar que llegue a estados agudos, el trato general a la persona afectada y el contacto con sus terapeutas, son aspectos que deben ser del dominio de todos los miembros de la familia directa. Esto incluye a los niños que la conforman, el lenguaje para ellos debe ser sencillo pero claro, debe responder a sus preguntas y confusiones. Es importante manejar que su familiar padece un "trastorno bipolar", y lo que esto implica en la forma de conducirse, que puede ser de dos maneras distintas: muy triste o muy alterada. Debe explicarse en función de los síntomas particulares del paciente, para que los niños entiendan por qué a veces mamá o papá, o quien sea el afectado, se muestran tristes, lloran sin motivo aparente o están irascibles o exaltados. También los niños deben conocer algunas de las acciones que será necesario realizar, sobre todo en el caso de requerir hospitalización.

Los pacientes bipolares pueden transgredir las reglas sociales, como cometer infracciones; sin embargo, esto no quiere decir que caigan en delitos graves. En todo caso la violencia que ejercen con mayor frecuencia es sobre sí mismos.

Si el familiar o el propio paciente ya detectaron que está por acontecer un episodio agudo, ya sea maniaco o depresivo, por la observación de los primeros síntomas, es el momento de tomar algunas medidas preventivas o emergentes.[31]

- Revisar si alguno de los factores de riesgo, sobre todo los que ya se han identificado en situaciones anteriores, se está cumpliendo en el paciente.
- Si es el caso, evitar que siga sucediendo (desvelos, abuso de alcohol, etc.)
    - Consultar a su médico responsable para que dé instrucciones.
    - Tomar medidas preventivas:
        - Dejar actividades que producen tensión
        - Si el paciente es jefe de familia, debe dejar a otros miembros el manejo y la organización de la economía.
        - Si el paciente maneja, pedir a las personas que lo apoyan que lo ayuden a trasladarse, para evitar tensiones y riesgos al volante.

Respecto a la depresión se ha revelado en algunos estudios que, aun sin padecer el trastorno, una persona que permanece aislada por largos periodos, llega a presentar cierto grado de depresión, lo cual se debe tomar en cuenta cuando un paciente bipolar está iniciando una fase aguda, ya que durante ésta tiende a aislarse y entre más deprimido está tolera menos la presencia de otros. Esto constituye un cír-

---

31 Miklowitz, D., 2005, *op cit.*, pp. 253-280.

culo vicioso que es necesario tomar en cuenta; como medida preventiva, en algunos casos funciona acompañarlo sin intervenir en sus actividades. Se sabe que no se sienten bien para departir con otras personas, pero probablemente tenga más aceptación a recurrir a la literatura, cine en casa, u otras actividades en las que no requiera ser participante. Estas actividades pueden motivarlo a escribir o plasmar en forma gráfica sus ideas sobre los temas revisados, o simplemente ayuden a relajarlo.

La hospitalización como medida de emergencia

Antes de tomar esta decisión, habrá que recurrir a todas las medidas preventivas. Se plantea de esta manera, porque permanecer hospitalizado constituye otro círculo vicioso para el paciente por los factores estresantes que van implícitos, como el sentimiento de ser rechazado por la familia, o creer que es un estorbo para ella. Estos sentimientos son antecedentes de los pensamientos suicidas, por esto es mucho mejor actuar de manera preventiva.

No obstante, muchos de los pacientes que no han logrado controlar su trastorno, no tienen alternativa, y su médico puede pedir el internamiento a una institución psiquiátrica, sobre todo en los siguientes casos:

- Ante el riesgo de suicidio
- Cuando el paciente se torna agresivo y no se le puede controlar

El paciente debe considerar que estar hospitalizado le traerá beneficios, ya que le permitirá recuperar la compostura, además de que podrá hablar con otras personas que viven situaciones similares a la suya. También, de alguna manera, los mantienen alejados de los estímulos que activan sus ideas suicidas. Otra ganancia es que estando hospitalizado se le practicarán estudios que normalmente no se realiza, y como resultado de ello habrá modificaciones en el tratamiento farmacológico, ajustándolo a sus necesidades.

A veces, como resultado de la hospitalización, se inicia un tratamiento más estricto, donde el paciente y los familiares ya tienen conciencia de las consecuencias de no llevarlo a cabo.   ■

CAPÍTULO VI

Trastorno bipolar en niños

Características

Mucho tiempo se pensó que era una enfermedad que aparecía en la edad adulta; sin embargo, como ya se ha descrito anteriormente, las edades más frecuentes en las que aparece el trastorno bipolar es entre los quince y veinte años,[32] y existen casos de aparición más temprana en un promedio de ocho años y medio.

También se determinó que el trastorno es distinto en niños y jóvenes en comparación con los adultos, y ésta es la causa principal por la que no se había detectado el padecimiento en los menores, puesto que los síntomas no correspondían con los de los adultos. Actualmente el *Manual Estadístico y de Diagnóstico IV* (DSM-IV) todavía recomienda que para diagnosticar una enfermedad bipolar en niños, se reúnan los criterios utilizados en adultos. Seguimos sin contar con criterios separados y específicos para el diagnóstico en niños. Regularmente se recomienda que se esté alerta cuando se encuentren datos sugerentes para la enfermedad bipolar, tales como:

---

32 Kraepelin, citado por Wormer, E., 2004, *op cit.*

- Manifestaciones de ira o rabietas destructivas y que perduran después de los cuatro años
- Cuando los menores han incorporado a sus expresiones el deseo de morir
- Presentan actos impulsivos que ponen en riesgo su vida.

Existen algunas coincidencias entre el trastorno bipolar en niños y en adultos; sin embargo, el uso del DSM-IV resulta poco útil para diagnosticar niños; por ejemplo, el manual dice que un episodio hipomaniaco precisa un "claro periodo de humor persistentemente elevado, expansivo o irritable, que dure al menos cuatro días". Esto es muy difícil detectarlo en los menores, ya que hasta el 70% de los niños con esta enfermedad tiene cambios en el humor y la energía varias veces al día. No se sabe si en el futuro habrá modificaciones en el DSM-IV que apoyen y faciliten el diagnóstico en niños, por lo que los especialistas utilizan algunos criterios del DSM-IV, además de otras medidas como entrevistas estructuradas.

En etapas tempranas de aparición de la enfermedad, la mayoría de las veces el primer episodio es una depresión y en raras ocasiones una manía o hipomanía. En tanto que para los adultos los episodios (maníaco, depresivo o hipomaníaco, con sus consiguientes intervalos de larga duración libres de afecciones) son más diferenciados, esto es un poco más fácil de detectar. Para los menores parece ser continuado, no se alcanza a percibir cuándo empieza uno y cuándo otro, se presentan como largas ciclaciones rápidas periódicas. Esto hace que el menor pueda tener cambios anímicos varias veces al día.

Como los síntomas de la enfermedad bipolar en la infancia no son claros, frecuentemente los padres, antes de saber que sus hijos tienen el trastorno, se muestran confundidos por el comportamiento inexplicable que presentan, frecuentemente refieren que los niños habían sido extremadamente difíciles de calmar y dormían de modo irregular. Parecían ser extremadamente dependientes y desde una edad muy temprana tenían rabietas o enfados incontrolables y desproporcionados.

Cuando el trastorno empieza antes de la pubertad, puede alcanzar formas más severas que cuando aparecen los síntomas en la edad adulta. Es frecuente que cuando se detecta un niño con el trastorno, existan otros miembros de la familia afectados, tanto por parte de la madre como por parte del padre.

Repercusiones del trastorno bipolar en niños

El diagnóstico del trastorno bipolar de los menores, es una opinión informada basada en el comportamiento del niño durante un tiempo, información que es vertida por padres y familiares acerca de la historia y el desarrollo del niño, la respuesta que ha mostrado a las medicaciones, su evolución psíquica y su estado actual. Por supuesto que el diagnóstico deriva de la visión del especialista de acuerdo con su formación y experiencia, y puede cambiar cuando hay más información disponible. Profesionales competentes pueden no estar de acuerdo en qué diagnóstico se ajusta mejor al individuo. Sin embargo, el diagnóstico es importante, ya que define el tratamiento y permite a la familia poner un nombre al problema que afecta a su niño, para saber lo que enfrentan y las medidas para combatirlo. Quizá el diagnóstico puede dar respuestas a algunas preguntas de los padres y a entender por qué su hijo actúa de tal o cual manera, pero también puede generar otras dudas que son incontestables en el momento actual del conocimiento científico.

Un niño depresivo es llorón, no parece importarle nada (apatía), tiene aspecto de estar enfermo, es lento en sus movimientos, con aspecto de aburrimiento, es somnoliento. En el caso de un niño maniaco o hipomaniaco es más difícil distinguir los síntomas, sobre todo porque pueden llegar a confundirse con los del TDAH (Trastorno por Déficit de Atención e Hiperactividad), las siglas en inglés son ADHD, más adelante daremos las diferencias entre uno y otro con mayor detalle), inclusive es tarea difícil diferenciarlo de la actividad inquieta normal de los niños. La clave para encontrar la diferencia se encuentra en el estado de ánimo, mientras que un niño hiperactivo se torna molesto para los demás porque no logra mantener su atención ni estar sentado por periodos largos (lo que dura la clase), y quizá moleste e interrumpa a los compañeros, un niño maniaco tendrá un comportamiento extravagante, por ejemplo querer desplazar al maestro y dar la clase él mismo, o no tener conciencia de tener bajas calificaciones y creer que es brillante en sus intervenciones, es decir, no logran distinguir entre la fantasía y la realidad, y por lo regular tienen dificultades para subordinarse a las normas y reglas planteadas por la escuela. Un niño hiperactivo puede mostrar conducta impulsiva y no medir el peligro, lo mismo sucede con un menor maniaco, y es recomendable tenerlos bajo observación.

En los niños bipolares, es evidente un acelerado flujo de pensamiento, ocasionalmente ellos mismos muestran desagrado por esta situación, entre más se acelera el pensamiento su verborrea aumenta. En adolescentes se ha observado excesivo interés por la sexualidad, tienen actividad sexual en forma desordenada, ante lo cual deben tenerse cuidados por las consecuencias que esto puede traer, como embarazos no deseados, enfermedades venéreas, o problemas de índole social causados por la irresponsabilidad de sus actos.

La diferencia principal entre el padecimiento bipolar de un adulto y el de un niño radica en que en los menores se observan trastornos de humor continuos, presentan una mezcla de manía y depresión. Como síntesis, presentamos a continuación los síntomas más frecuentes.

Síntomas que se podrían detectar en niños bipolares

- Estado de ánimo expansivo (eufórico) o irritable
- Depresión
- Cambios de humor rápidos que pueden durar unas horas o unos pocos días
- Furia manifestada en rabietas o conductas explosivas, duradera y a menudo destructiva
- Ansiedad por separación de los padres o familiares encargados de su educación y cuidado
- Desafío a la autoridad
- Hiperactividad, agitación y atención dispersa, lo que lo hace parecer distraído
- Alteración del ciclo sueño-vigilia, esto es, que cubre pocas horas de sueño o, al contrario, demasiadas
- En ocasiones muestra incapacidad para controlar el esfínter vesical nocturno, lo que se denomina enuresis
- Frecuentes terrores nocturnos, que pueden ser variados, entre ellos está el miedo a la oscuridad y las pesadillas
- Deseo de participar en múltiples actividades
- Alteraciones en su capacidad de juicio, impulsividad, pensamiento acelerado y habla excesiva (verborrea)

- No mide el peligro
- Comportamiento sexual precoz o inapropiado
- Delirios, entre los que se encuentran los de grandeza, en este caso puede exagerar en el alcance de sus
habilidades, algunos creen que tienen poderes sobre-
naturales
- Alucinaciones; manifiesta ver o percibir situaciones u
objetos que no existen en la realidad.

Síntomas de la enfermedad bipolar en adolescentes

Aun en adolescentes pueden existir diferencias con el trastorno bipolar de los adultos; sin embargo, en la mayoría de
los casos podría parecerse a cualquiera de las presentaciones
clásicas de la enfermedad en adultos.

Trastorno bipolar I. En esta categoria, el adolescente experimenta episodios alternativos de depresión y manía intensa
y algunas veces psicótica (con alucinaciones y delirios).

Síntomas de manía:

- Estado de ánimo expansivo (eufórico) o irritable
- Disminución de la necesidad de dormir
- Pensamiento acelerado y habla excesiva (verborrea)
- Delirios de grandeza
- Interés y participación excesiva en actividades pla-
centeras
- Actividad física y mental aceleradas
- Baja capacidad de juicio
- En casos severos, alucinaciones.

Síntomas de depresión:

- Muestras de tristeza intensa inexplicable, llanto excesivo.
- Trastornos del ciclo sueño-vigilia. Padecen insomnio o bien duermen considerablemente más de lo habitual
- Irritabilidad
- Apatía y abandono de las actividades que antes encontraba reconfortantes
- Bajo rendimiento escolar
- Problemas para mantener su atención
- Ideas suicidas
- Bajo nivel de energía
- Aumento o disminución del apetito.

También en los adolescentes se observan, más o menos definidos, intervalos libres de síntomas.

Trastorno bipolar II. Como ya se ha descrito, es una de las formas del trastorno, sus manifestaciones son leves, presentan hipomanía y depresiones recurrentes, es decir que se presentan una y otra vez. Durante la fase hipomaniaca el adolescente puede mostrar gran creatividad.

Ciclotimia. Los adolescentes que sufren el trastorno en esta forma experimentan periodos de cambios en el humor claros pero menos severos.

Enfermedad bipolar no especificada o trastorno bipolar III. Recordemos que se hace este diagnóstico cuando los síntomas no son claros y los médicos tienen que recurrir a los antecedentes familiares para encontrar indicios del trastorno en los parientes.

Igual que en los adultos, puede existir un factor de estrés desencadenante del padecimiento, como una pérdida u otro acontecimiento traumático. También se considera que los episodios subsiguientes podrían ocurrir independientemente de cualquier situación de conflicto emocional, o contribuir a empeorar el episodio agudo. La pubertad es un periodo de mayor incidencia porque los cambios hormonales pueden actuar como un factor desencadenante. Esto se ve claramente en las adolescentes, cuando su primer episodio maniaco o depresivo se presenta con el inicio de sus periodos menstruales.

Tomando en cuenta las diferencias entre las características del trastorno en menores y adultos, el tratamiento también debe ser diferente, tanto en el medicamento como en lo psicoterapéutico. Debido a la incertidumbre y la falta de orientación en los padres, se ha reportado que los menores suelen quedar sin atención durante largos periodos, hasta de diez años en promedio desde la aparición de los primeros síntomas hasta que comienza el tratamiento, por lo que se recomienda, de encontrar cuatro o más síntomas de los arriba descritos, acudir con un especialista para que sea realizada una evaluación. Entre más rápido se administre el tratamiento adecuado mejor se controlará la recurrencia de los episodios y su acentuación. La pronta intervención puede crear una diferencia significativa en el desarrollo del menor, justo en una edad difícil.

Uno de los riesgos que enfrentan los adolescentes con trastorno bipolar que carecen de tratamiento, es su tendencia al abuso del alcohol y las drogas, por lo que debe tomarse como un indicador para el trastorno.

Observar abuso de sustancias en menores puede ser motivo suficiente para practicarle los estudios necesarios, sobre todo porque se piensa que los adolescentes que repentinamente presentan los síntomas del trastorno tienen cierta tendencia a desarrollar adicción al alcohol y a las drogas.

Enfermedades que pueden coexistir o confundirse con el trastorno bipolar en niños

En el diagnóstico, los especialistas también consideran la posibilidad de que el trastorno bipolar se combine con otros trastornos y enfermedades psiquiátricas, o bien se confunda con ellos. A continuación se mencionan los más comunes, que presentan similitudes en los síntomas. También se describen grosso modo en qué consisten estos trastornos y síndromes, sólo con la finalidad de instruir a los familiares sobre estos padecimientos y en todo caso para que agudicen su observación y puedan dar mayor información al médico o psicoterapeuta que atiende a su hijo.

- Trastorno de la conducta (TC)
- Trastorno oposicional-desafiante (TOD)
- Trastorno obsesivo-compulsivo (TOC)
- Síndrome de Tourette
- Trastorno de déficit de atención e hiperactividad (TDAH)
- Trastorno de ansiedad generalizada
- Trastorno de pánico
- Trastorno explosivo intermitente
- Trastorno reactivo del vínculo.

Depresión

Los niños con depresión mayor suelen presentar los mismos síntomas que los adultos (antes mencionados), la diferencia fundamental con el trastorno bipolar es que no existen datos significativos que reflejen síntomas de manía. La depresión en niños es mucho más común que el trastorno bipolar, ya que éste inicia por lo regular en los últimos años de la adolescencia. En algunos casos aparece enmascarada por otros síntomas como ansiedad, trastorno de conducta o déficit de atención y es característico el fracaso escolar.

Trastorno de la conducta (TC)

El trastorno de conducta es una condición que se presenta en la niñez y en la adolescencia, con problemas duraderos en el comportamiento, tales como conducta antisocial, impulsiva o desafiante, que puede llegar a extremos como actividades delictivas. Frecuentemente existe consumo de sustancias.

Entre las causas más comunes se encuentran el maltrato infantil, conflictos familiares, defectos genéticos y adicción a drogas o alcoholismo en los padres. Es difícil dar un diagnóstico debido a lo subjetivo de las apreciaciones de los padres acerca de la actitud del menor en cuestión. Además, también es complicado diagnosticarlo porque en múltiples ocasiones está acompañado de otras características, como en el caso del TDAH.

Entre las manifestaciones más comunes está la impulsividad, expresan sentimientos de indiferencia respecto a lo que pueda pasar con los demás, y en general son difíciles de controlar. Mienten, desacatan las reglas sin razón aparente y se involucran en comportamientos antisociales en los que intimidan a los demás y pelean. Los síntomas más frecuentes son:

- Agresividad y crueldad hacia personas y animales
- Actitud destructiva, aun con objetos de su propiedad
- Algunas veces causan daños en los inmuebles, como provocar incendios
- Evitan cumplir con sus responsabilidades, por lo que mienten, se escapan de la escuela o de su casa
- Tienen actitudes vandálicas, entre ellas el robo
- Pueden presentar alcoholismo o drogadicción a temprana edad.[33]

Trastorno oposicional-desafiante (TOD)

Es un trastorno del comportamiento en niños y adolescentes, la edad promedio en la que aparece es de ocho años. Siempre se muestran negativos, enojados y con frecuentes actitudes desafiantes. Esta conducta constituye un círculo vicioso, ya que afecta adversamente las relaciones personales en todos sus ámbitos. Encuentran hostilidad y reacción ante su conducta, por ello se les dificulta establecer una interacción adecuada tanto en la escuela como en el medio familiar.

No se puede hablar de una causa particular del trastorno, ya que inciden varios factores sociales, familiares e incluso genéticos, al heredar desequilibrios químicos cerebrales que los predisponen a padecer este trastorno. Entre

---

33 Véase: http://www.nlm.nih.gov.medicineplus/spanish

los aspectos sociales que constituyen un riesgo de sufrir el TOD se encuentran los conflictos matrimoniales, el abuso infantil, así como falta de atención de padres o tutores.

Un niño con TOD enfrenta a los adultos, pierde el control estallando en cólera, no sigue reglas ni obedece, molesta a los demás en forma deliberada, y frecuentemente también es molestado por los otros. Siempre están enojados y resentidos, muestran rencor y buscan la manera de vengarse, cuando se ven involucrados en situaciones vergonzosas culpan a otros y por lo regular su autoestima es baja.

Trastorno obsesivo-compulsivo (TOC)

Se caracteriza por obsesiones o compulsiones que se repiten, que son estresantes y que por este motivo el paciente no puede llegar a realizar sus actividades en forma normal. Inicia en la infancia con el desarrollo de una combinación de obsesiones, que pueden ser pensamientos o preocupaciones persistentes, así como compulsiones, manifestadas como rituales repetitivos, resultado de sus pensamientos. Pensamientos que no tienen fundamento, pero para ellos son determinantes, por ejemplo "mi madre puede morir si yo no salto estos escalones".[34] El trastorno obsesivo compulsivo llega a ser confundido con el trastorno bipolar debido a que frecuentemente realizan rituales impulsivos, que exponen su vida, y la que sus pensamientos son negativos. Pudiera parecer que lo que sucede es que el menor no tiene

---

34 Calderón González, Raúl, cap. 8, "Síndrome de Tourette y desórdenes comórbidos" en *Autismo infantil*, Fejerman, Natalio y col. Ed. Paidós, México, D.F., 1996.

deseos de vivir, y lo que en realidad son rituales parecen intentos suicidas.

Síndrome de Tourette

Es un desorden que se inicia en la niñez y que frecuentemente persiste durante muchos años o inclusive por el resto de la vida. Inicia antes de los 18 años y es más frecuente en hombres que en mujeres. Aparecen tics motores simples (guiños, movimientos de hombro) o complejos (como tocar las cosas, hacer cabriolas) junto con tics vocales, los que pueden ser simples (como carraspeo, suspiro), o complejos (palabras o frases) a veces de carácter soez (coprolalia), que aparentan ser intencionales. El paciente es capaz de frenar su aparición, pero a costa de un aumento en la ansiedad y de un efecto de "rebote"; es decir, aumenta el número de tics y su intensidad.

Todas los formas de tics con frecuencia son exacerbadas por el estrés y disminuyen significativamente durante el sueño. Su origen es de transmisión genética, su frecuencia es en uno de cada 2 000 varones, y en una de cada 10 000 mujeres. Los investigadores han manifestado que el síndrome de Tourette puede tener algunas variantes y presentarse como un desorden de tic motor crónico (DTMC) o como un desorden obsesivo compulsivo (DOC).[35]

Se ha encontrado que hasta el 50% de los niños que lo presentan, tienen características del trastorno por déficit de atención con hiperactividad (TDAH) entre sus antecedentes, y a esto se le atribuye que muestren cierto retraso escolar.

35 Calderón González, Raúl, *op cit.*, pp. 157-159.

En la adolescencia se pasa por un momento álgido de la enfermedad al aparecer la coprolalia, después tiende a atenuarse; sin embargo, 50% de los pacientes muestra secuelas sociofamiliares importantes.[36]

Niños bipolares con TDAH

De todos estos padecimientos, el TDAH es el que se encuentra con más frecuencia en niños con trastorno bipolar, aunque ya se ha descrito en el capítulo de diagnóstico, grosso modo, se manifiesta en un tiempo de atención corto, inquietud, concentración pobre, disminución del control del impulso e hiperactividad.

Aunque en menor porcentaje, existe la posibilidad de que un niño tenga tanto el trastorno bipolar como el déficit de atención con hiperactividad, algunos investigadores han deducido que el TDAH puede ser un signo precoz del trastorno bipolar. Al parecer, en la medida que el paciente va entrando en la edad adulta los síntomas del TDAH van disminuyendo, y sólo se ha observado en una minoría (de los que presentaban ambos trastornos), que de conservarse algunos de ellos son los referentes a la alteración en la capacidad de atención y concentración. Por el contrario, a medida que avanza la edad, los síntomas del trastorno bipolar se van acentuando.

Con todas estas particularidades, el tratamiento resulta complicado, principalmente porque el diagnóstico debe ser muy estricto y preciso para dar el tratamiento farmacológico adecuado. La atención psicoterapéutica debe tener

---

36 Manual de psiquiatría en internet: Manual COT6ed-Psiquiatria-Fullscreen. html

un seguimiento igual de estricto, puesto que los conflictos emocionales derivados del trastorno bipolar se verán aunados a los problemas psicopedagógicos relativos al TDAH. En estas condiciones, sus relaciones interpersonales también se afectan, tanto en su medio familiar como escolar.

Todavía no se ha determinado cuál es la relación exacta entre uno y otro, y si al presentarse ambos se constituye una sola patología. Tampoco se sabe con exactitud cuál será la evolución de un trastorno bipolar iniciado en la infancia.

Trastorno de ansiedad generalizada

Igual que en los adultos, este trastorno se caracteriza por angustia y preocupación excesiva acerca de una amplia gama de acontecimientos, como el rendimiento escolar, y que se ha prolongado más de seis meses. Para considerar que un niño tiene el trastorno de ansiedad basta que cumpla con un síntoma de los que lo conforman:

- Inquietud o impaciencia
- Fácil fatigabilidad
- Dificultad para concentrarse
- Irritabilidad
- Tensión muscular
- Alteraciones del comportamiento

Trastorno de pánico

El trastorno de pánico es un trastorno de ansiedad. Los niños que lo padecen tienen sensaciones repentinas de terror sin motivo aparente. Estas crisis pueden ir acompañadas de síntomas físicos, tales como taquicardia, dolor en el pecho, dificultad para respirar y mareos. Un ataque de pánico puede ocurrir en cualquier momento o lugar sin previo aviso, por lo que algunas personas no salen de sus casas por miedo a sufrir una crisis, sobre todo evitan los lugares en los que ya han tenido un ataque de pánico. Este puede ser el caso de algunos de los niños que muestran terror de ir a la escuela, creen que al no asistir evaden un ataque de pánico, o temen que al tenerlo no se encuentre alguien de confianza a quien recurrir. A este patrón, de evitar ciertos lugares o situaciones, se le llama "agorafobia".

El trastorno de pánico interfiere con el rendimiento escolar de los menores y con su desarrollo en general, pues aún sin estar en crisis, la mayor parte del tiempo se sienten ansiosos. Es conveniente dar el tratamiento adecuado a cada persona, niño o adulto, porque el desorden de pánico y sus complicaciones pueden ser devastadoras, entre otras cosas porque al tratar de controlar la ansiedad los adolescentes recurren al alcohol o a las drogas. Si el niño tiene antecedentes de trastorno bipolar en la familia, el trastorno de pánico puede ser un factor de riesgo para que se desencadene la bipolaridad en él.

Trastorno explosivo intermitente

Este trastorno pertenece a una categoría más amplia, la de los trastornos relacionados con el control de los impulsos (que incluyen trastorno explosivo intermitente; cleptomanía, que es el impulso de robar; piromanía, prender fuego en forma deliberada; juego patológico, que lo padecen quienes apuestan, pero el placer se los da el juego y no lo que puedan lograr en las apuestas; y tricotilomanía, que consiste en el acto de jalarse el pelo).

El trastorno explosivo intermitente se caracteriza por la aparición de episodios aislados de dificultad para controlar impulsos agresivos, el resultado de ello da lugar a la violencia y a la destrucción de objetos. El grado de agresividad que muestran es desproporcionado respecto a la situación que lo desencadena. Experimentan una sensación de alivio durante el arranque de rabia; sin embargo, cuando pasa sienten remordimiento sobre sus acciones. Puede predisponer a los sujetos a otras enfermedades como el trastorno bipolar. Se cree que el trastorno explosivo intermitente es una combinación de un trastorno del estado de ánimo con un mal control de los impulsos.[37]

Trastorno reactivo del vínculo

Consiste en la ruptura de los vínculos afectivos del niño, por lo que sus relaciones afectivas con las personas que le rodean se ven alteradas.

Inicia antes de los cinco años y se asocia al cuidado inadecuado, a la desatención de las necesidades emocionales y físicas básicas del menor. Cuando un pequeño no encuentra la satisfacción de esas necesidades emocionales pierde la capacidad de formar relaciones afectivas significativas, así como la capacidad de confiar en otros.

Este tipo de reacciones se producen frecuentemente cuando los niños permanecen al cuidado de distintas personas, o bien cuando hay cambio constante de los encargados de su cuidado, estas características se presentan en niños adoptados. Sin embargo, también puede presentarse este

---

37 Véase página de internet: www.apa.org/topics/controlanger.html

trastorno en familias que aparentemente están integradas, sólo que por diversas razones psicológicas no han cumplido con los requerimientos de los niños. Los síntomas o comportamientos que caracterizan este trastorno son:

- Conductas destructivas y autodestructivas
- Son ajenos a sentimientos de culpa o remordimiento
- Culpan a otros de sus actos
- Pobre contacto visual, evitan la mirada de quien les habla
- Se muestran desafiantes
- No anticipan ni prevén las consecuencias de sus actos
- Son inestables en su estado de ánimo
- Hábitos de alimentación inadecuados
- No logran controlar sus impulsos
- Mienten en forma persistente
- Muestran inseguridad al hablar, lo hacen en tono bajo o entre dientes
- Dominantes
- Manipuladores
- Depresivos.

En adolescentes, la enfermedad bipolar puede confundirse con:

- Trastorno límite de personalidad
- Trastorno por estrés postraumático
- Esquizofrenia.

El trastorno límite de personalidad y la esquizofrenia ya han sido descritos en este texto, ya que también se presentan en adultos, por lo que esta información puede consultarse en el capítulo II.

Trastorno por estrés postraumático

El término incluye dos aspectos: por una parte una manifestación de estrés que naturalmente es patológica, y por otra el trauma. El estrés hace referencia a una respuesta inespecífica del organismo ante una situación con un alto nivel de presión. Frente a un factor estresante, el organismo responde buscando la adaptación y el equilibrio; sin embargo, la respuesta puede resultar adaptativa o patológica.

El trauma se define como "aquella situación psicológicamente estresante que sobrepasa el repertorio de las experiencias habituales de la vida (como puede ser un duelo simple, una enfermedad crónica, una pérdida económica o un conflicto sentimental), que afecta prácticamente a todas las personas y que provoca un intenso miedo, terror y desesperanza, o una seria amenaza para la vida o la integridad física personal o de un tercero".[38] El trauma está relacionado con desastres naturales, accidentes o son provocados por la violencia.

Las reacciones ante un trauma son muy variadas, aunque por lo regular lo más frecuente es que la persona haga un esfuerzo por sobrevivir y protegerse. Lo siguiente es un intento de adaptación a través de alguna acción coherente con la situación, para posteriormente reorganizar

---

38 Asociación Psiquiátrica Americana citada en "Trastorno por estrés postraumático: aspectos clínicos", César Carvajal, *Revista chilena de neuropsiquiatría*, vol. 40, supl. 2, Santiago, nov. 2002, E-mail: cesarcar@mi-mail.cl

sus ideas acerca de lo sucedido. No obstante, de acuerdo con la gravedad de la situación traumática, habrá una conducta disociada o se busca el control de las emociones recurriendo al alcohol y las drogas. Ninguno de los tipos de respuesta previene el trastorno por estrés postraumático, aunque se presenta en una minoría de las víctimas de situaciones traumáticas.

Los síntomas que se observan en un paciente con el trastorno por estrés postraumático son los siguientes:

- Existencia de un estrés reconocible, capaz de provocar malestar significativo
- Sensación de experimentar nuevamente el traumatismo:
    * Recuerdos repetitivos e invasores del acontecimiento
    * Sueños repetitivos del mismo
    * Comportamiento repentino como si el acontecimiento traumático estuviera presente
- Embotamiento de la capacidad de respuesta, manifestado por:
    * Marcado desinterés en una o más actividades significativas
    * Sentimientos de separación o de extrañeza frente a los demás
    * Disminución del afecto
- Al menos dos de los de los siguientes síntomas no estaban presentes antes del trauma:
    * Estado de hiperalerta o respuesta de alarma exagerada
    * Alteraciones del sueño
    * Sentimientos de culpa por el hecho de haber sobrevivido cuando otros no pudieron hacerlo o

remordimiento por la conducta adoptada para la supervivencia
* Fallas en la memoria o dificultades de concentración
* Elusión de las actividades que evocan el recuerdo del acontecimiento traumático
* Intensificación de los síntomas frente a la exposición de acontecimientos que simbolizan o recuerdan el acontecimiento traumático[39]

La confusión con el trastorno bipolar se produce porque los síntomas antes descritos tienen relación con algunos que llegan a presentarse en episodios depresivos, y además porque una situación de estrés extremo pudiera desencadenar la bipolaridad en alguna persona que antes del acontecimiento traumático no hubiera presentado ninguno de los síntomas relacionados con el trastorno bipolar.

Cada uno de los padecimientos antes mencionados, tiene características, síntomas y causas distintas; sin embargo, en la observación del comportamiento, puede haber a serias confusiones, por lo que los profesionales deben ser experimentados para poder diferenciarlos. Las consecuencias de cometer un error en el diagnóstico pueden ser desastrosas para el paciente. Niños bipolares que son medicados erróneamente continúan presentando los malestares propios de la bipolaridad, así que en el momento de recibir el tratamiento correcto hay una notable mejoría.

---

39 DSM-III, citado en *Revista Chilena de Neuropsiquiatría*, ISSN 0717-9227, *versión on-line* www.scielo.cl

En algunos casos el especialista determina que no se trataba de un trastorno bipolar, sino de alguno de los padecimientos antes descritos; sin embargo, cuando se considera que además de la enfermedad bipolar existe otra, se deben dar tratamientos paralelos para lograr mejorías sustanciales en los menores.

En la detección del trastorno bipolar y su diferenciación de otros padecimientos, el tiempo apremia. Como ya se ha mencionado, el periodo que transcurre entre las primeras manifestaciones y el diagnóstico y tratamiento adecuados, puede llevar años; mientras tanto, el trastorno empeora y la evolución del menor en su medio familiar, escolar y social sufre un deterioro progresivo. Por esta razón, es muy importante un diagnóstico temprano y acertado. Se ha encontrado que una enfermedad bipolar no tratada o tratada inadecuadamente, puede llevar a un aumento innecesario de comportamientos y síntomas que puedan ocasionarle la expulsión del colegio, el internamiento en una institución psiquiátrica, e inclusive la encarcelación, como consecuencia de acciones cometidas durante los episodios agudos de la enfermedad.

Existen otras consecuencias de mantener al menor sin tratamiento, como el desarrollo de trastornos de la personalidad, entre los que podríamos encontrar características narcisistas, antisociales y de personalidad límite. O bien, que empeore por una medicación incorrecta. En la desesperación por sentirse mejor o evitar las dolencias propias del trastorno bipolar, es frecuente que los menores consuman drogas, lo que agrava la situación, ya que exacerba los periodos maniacos y lo pone fuera de control. Se ha reportado que durante estos periodos son incapaces de controlar sus impulsos y llegan a provocar accidentes, a ser víctima de ellos o a cometer suicidio.

Tratamiento para niños

Como recordaremos, no hay cura para la enfermedad bipolar, lo mismo para los niños; sin embargo, puede lograrse un control que le permita desarrollarse. Muchos especialistas han reportado que un tratamiento adecuado, en conjunto con el apoyo y en la casa, como en la escuela, logran una reducción significativa de la gravedad, frecuencia y duración de los episodios de la enfermedad.

El plan de tratamiento correcto incluye medicación, monitorización estrecha de los síntomas, educación sobre la enfermedad, psicoterapia para el paciente y la familia, reducción del estrés, buena nutrición, ejercicio, sueño regular, y participación en una red de apoyo.

Tratamiento médico

No todos los padres asimilan rápidamente el diagnóstico que han recibido para su hijo, y en muchos casos ésa es una de las principales razones por las que se alarga el inicio del tratamiento, de ahí que los primeros en recibir atención e información sean los padres. La primera reacción ante la noticia de que su hijo tomará medicamento quizá de por vida, es rechazar el diagnóstico, buscar en otros médicos una respuesta diferente. También es complicado entender que el niño tendrá que intercalar su educación con los periodos agudos de su enfermedad; sin embargo, éstas son alternativas hasta la fecha, y de no aceptar el tratamiento el menor queda desamparado frente a las inclemencias del trastorno.

La prescripción de medicamentos en menores tiene algunas restricciones, ya que se han aprobado sólo algunos de los que se recetan a los adultos, y han quedado limitados los de uso pediátrico. Los psiquiatras deben adaptar lo que saben respecto al tratamiento de adultos para aplicarlo en los niños y adolescentes. No obstante, el uso del medicamento es indispensable, los resultados demuestran que han ayudado en gran medida a estabilizar el humor. Por lo general, los médicos inician el tratamiento farmacológico inmediatamente después de dar el diagnóstico. Como en los adultos, los medicamentos aplicados a los menores tienen efectos secundarios, como el aumento de sed, necesidad de orinar frecuentemente, somnolencia excesiva o agitación. Otros de los efectos son aumento de peso, fatiga y tendencia a deshidratarse, por lo que los médicos deben advertir a los padres para que tomen las precauciones necesarias e inclusive den aviso a la escuela para que sus maestros estén preparados en caso de observar alguno de estos efectos.

Se involucra a toda la familia, puesto que necesitan trabajar estrechamente con su médico y otros especialistas. Tener a la familia involucrada por completo en el plan de tratamiento del niño, permite brindar el apoyo requerido; además, de esta manera puede llevarse a cabo un monitoreo más efectivo de la evolución de la enfermedad y de los efectos del tratamiento, así como del control de los factores de riesgo que se vayan presentando en la vida cotidiana.

De la misma manera en que se recomienda a los padres de niños que presentan otras enfermedades crónicas (como diabetes, epilepsia y asma, entre otras), debe informarse a los niños y los adolescentes con trastorno bipolar, que tienen el padecimiento, y brindarles información básica para tener una sana actitud hacia el tratamiento.

Psicoterapia

La intervención del médico debe estar asociada con la de los otros especialistas, como los psicoterapeutas, para que en el equipo puedan dar un tratamiento integral. La psicoterapia constituye una parte importante del trabajo a realizar y los beneficios que obtendrá el menor estarán encaminados a tener mejores condiciones de vida, que le permitan restablecer las relaciones afectivas con los que lo rodean, así como un desarrollo normal de personalidad. El psicoterapeuta podrá así ayudar al menor a adaptarse a su medio familiar escolar, deberá contribuir a que el niño disminuya los síntomas que están relacionados con el estrés, y a una ubicación equilibrada en su medio socio-familiar. También debe cuidar que el trastorno del niño no llegue a ser el eje de la dinámica familiar, o que por el contrario caiga en el extremo de ser relegado y rechazado.

Otros terapeutas que pueden apoyar al menor son los que estén relacionados con los retardos escolares que se generen a raíz del trastorno, como los psicólogos educativos y los pedagogos, enterados del padecimiento y vinculados con el equipo interdisciplinario que lo atiende, y que pueden tomar medidas tanto preventivas como correctivas para que el menor mantenga un ritmo de aprendizaje acorde con su edad y grado escolar. En la mayoría de las ocasiones, los padres no pueden pagar tantos especialistas, por lo que se recomienda tomar en cuenta a las instituciones gubernamentales o internacionales que existen para el apoyo y la asistencia social del trastorno bipolar.

El trabajo que los terapeutas encargados del desarrollo del aprendizaje y la adaptación escolar pueden orientar a los padres sobre algunas técnicas que ayudan a calmar a los menores en episodios críticos de la enfermedad bipolar e inclusive pueden ayudar a prevenir recidivas. Entre las sugerencias de la CABF, publicadas en un artículo,[40] mencionamos algunas:

- Practicar y enseñar al niño técnicas de relajación
- Utilizar límites firmes para contener las rabietas
- Priorizar lo vital y pasar por alto los temas menos importantes
- Reducir el estrés en casa, incluyendo aprendizaje y buen uso de las habilidades para escuchar y comunicarse
- Utilizar música, sonido, luz, agua, y masajes para atender al niño cuando se despierta, se duerme, o como relajación
- Abogar por la reducción del estrés y hacer las adaptaciones necesarias en el colegio
- Ayudar al niño a anticipar, evitar, o prepararse para situaciones de estrés
- Animar la creatividad del niño a través de actividades que expresen y canalicen sus talentos y dones.
- Ofrecer una estructura diaria de hábitos con gran libertad pero dentro de unos límites claros
- Quitar o guardar objetos de la casa que el niño pueda utilizar para hacerse daño o hacer daño a otros durante sus explosiones de rabia, especialmente armas.

---

40 Artículo revisado por Demitri Papolos, M.D., Editado por Martha Hellander, CABF Executive Director, traducido al español por César Soutullo, M.D. y Aitziber Miner, Diplomada, Clínica Universitaria, Universidad de Navarra. Pamplona, España, 2000, www.bipolarweb.com/

Mantener los medicamentos fuera de su alcance y bajo llave.

Aunque estas sugerencias parecen sencillas, llevarlas a la práctica no necesariamente lo es todo porque debemos considerar que los menores no estén en la disposición de cooperar, por ello se requiere la supervisión del especialista.

Atención psicopedagógica

Es conveniente que los profesores también estén orientados por estos especialistas para tomar las medidas necesarias, correctivas o preventivas, que apoyen el proceso de aprendizaje de los menores con trastorno bipolar.

Los maestros pueden enfrentarse con una serie de dificultades para lograr sus objetivos escolares, entre ellos que un menor afectado en su estado de ánimo pasará algunas temporadas en las que muy probablemente no estará en condiciones de asistir a la escuela. O bien, si está iniciando o cambiando un tratamiento farmacológico, su conducta puede ser aún más rara. Las faltas frecuentes y los periodos de desatención a las indicaciones de la maestra, tendrán como resultado un bajo nivel de aprovechamiento escolar. Es muy complicado para el profesor decidir si debe o no ser estricto, porque por un lado no es conveniente estresarlo, pero por otro existe la posibilidad de que el menor manipule la situación para obtener un trato preferencial en la escuela.

Es necesario vincular a maestros y especialistas para ampliar el equipo de atención, y no actuar en forma aislada. En primera instancia debe informarse al personal docente encargado de la educación del menor, sobre los aspectos de su comportamiento que tienen que ver con los síntomas de su enfermedad. Los maestros por su parte, junto con los psicólogos educativos o pedagogos, deberán determinar cuáles son las necesidades educativas del niño con base en la evaluación que le practiquen.

En las necesidades educativas especiales de cada niño, intervienen múltiples factores, a saber: los que están directamente relacionados con el trastorno bipolar y los trastornos o padecimientos que coexisten con él, los que se refieren a las capacidades del menor y las dificultades que provienen de su entorno.

Además existe una serie de particularidades respecto a cómo se da el trastorno bipolar, ya que adquiere distintos síntomas en función del tipo de padecimiento, variando la frecuencia, gravedad y duración de los episodios de la enfermedad. Por otra parte, los episodios agudos no se pueden predecir, ni se sabe si habrá efectos provocados por el medicamento, ni cómo afectarán su aprovechamiento escolar. Entre de las dificultades originadas en su entorno, se ha observado que las modificaciones que suceden durante un periodo escolar, tales como cambio de profesores, o de escuela, suspensión por vacaciones y por las faltas debidas al aumento de los síntomas de su enfermedad, contribuyen en su rendimiento.

Tomando en consideración las condiciones planteadas y los resultados de su valoración psicopedagógica, el equipo especializado en educación, junto con la maestra y los padres de familia, tendrán que realizar algunas modificaciones al currículum escolar. Buscando la manera de motivarlo para que sea cada vez más creativo, en este nuevo planteamiento harán propuestas que tomen en cuenta los periodos de inasistencia del menor, así como la organización del trabajo escolar, para que responda a sus necesidades educativas especiales. En la medida de lo posible, es recomendable que el grupo en el que recibe la enseñanza tenga un número reducido de alumnos. Quizá deba recibir algunas clases alternas, donde se le ponga al corriente en los temas que se ha saltado o que requieran un método distinto al de la escuela para acceder a ellos. En algunos sistemas educativos especiales, incluyen la atención de un maestro de apoyo adicional al maestro de grupo, para poder estar al pendiente de los niños que requieren mayor atención.

La comunicación entre los maestros y los padres es indispensable, por lo que deben establecer los mecanismos por un flujo adecuado de información. Algunos especialistas sugieren el uso de libretas de notas, a través de las cuales estén en contacto padres y maestros, y aunque este método no sustituye las visitas frecuentes al colegio, por lo menos no se pierde el vínculo antes de que se puedan volver a reunir. El equipo debe valorar en cada caso si el niño requiere de plazos más largos para los trabajos, o si es necesario que la hora de entrada se haga flexible para las situaciones en las que los niños estén bajos de energía. Otro aspecto que tendrán que resolver como equipo, es si debe dársele más tiempo para la realización de exámenes y, más aún, cuál será la manera de evaluarlo.

Se recomienda el uso de materiales didácticos que hagan más fácil el trabajo, apoyen y amplíen la información, que además logren despertar el interés del menor, entre ellos libros o cuentos grabados, inclusive grabarlos para que puedan escuchar su propia lectura. A veces el uso del teclado de una computadora puede mejorar su interés en la realización de tareas o simplemente hacer factible escribirlas. Plantear algunas actividades recreativas, deportivas y artísticas que amplíen el panorama de los niños y sus posibilidades de desarrollo. Existen terapias musicales que permiten mantener bajos los niveles de angustia y mejorar el ánimo en casos depresivos, por lo que esto puede constituir una alternativa en la atención especializada.

Los padres no tienen que permanecer en el colegio todo el tiempo, pero si se considera importante la supervisión podrían tomarse algunas alternativas, como designar a una persona de la escuela para que el menor pueda refugiarse en momentos de angustia y desesperación. Como hemos mencionado, los efectos secundarios del medicamento pueden producir sensación y necesidad de orinar, por lo que hay que permitir el acceso al baño las veces que lo requiera, e ingerir agua las veces que lo demande.

De presentarse casos en los que se requiere hospitalización, los maestros y los especialistas pueden acudir periódicamente para que el menor no pierda la secuencia de su tratamiento. Esta intervención sólo la puede decidir el equipo que trabaja con el niño, ya que habría que estudiar y jerarquizar cuáles son las necesidades prioritarias de cada momento.

Participación de los padres en apoyo al tratamiento

Los primeros en requerir orientación son los padres; suele suceder que al no entender qué pasa con sus hijos, se ven afectados por la angustia de no poderlos ayudar. Se sugiere revisar los síntomas antes expuestos, y si hay sospecha de que el menor pueda tener el trastorno bipolar, acudir a un especialista.

La única forma de reducir la angustia es procurar una atención adecuada, en este sentido el primer paso será buscar la evaluación de un psiquiatra, para obtener el diagnóstico correcto. Los estudios que se le realizarán tienen más que ver con información sobre su historia clínica y su desarrollo psíquico, que con análisis de sangre o tomografías o resonancias, ya que hasta la fecha no se ha confirmado que éstos puedan establecer el diagnóstico de la enfermedad que nos ocupa. De tal manera, el diagnóstico estará basado en la observación de los antecedentes y el desarrollo de su comportamiento, por lo que será muy útil que antes de acudir al médico tomen notas diarias acerca del humor de su hijo, su conducta, sus patrones de sueño, los acontecimientos inusuales y cualquier otro dato que les preocupe del niño. Estas notas pueden ser de gran utilidad al especialista, puesto que los niños no siempre presentarán los síntomas, así que en una consulta la posibilidad de observar su comportamiento se reduce al tiempo que dure ésta.

Encontrar al especialista adecuado no siempre es una tarea fácil, pero entre las cosas que se sugieren para hallarlo es que sea un psiquiatra infantil que cuente con experiencia en el tratamiento del trastorno bipolar de comienzo temprano. Si la comunidad no tiene un psiquiatra infantil con experiencia en trastornos del humor, entonces debe buscarse un psiquiatra de adultos que tenga experiencia amplia en trastornos del humor y que haya tratado a niños y adolescentes.

Lo mejor sería acercarse a las asociaciones bipolares, donde pueden ofrecer orientación por la experiencia personal que han tenido al llevar a tratamiento a sus propios hijos, ellos recomiendan tomar en cuenta las siguientes consideraciones para encontrar al médico más adecuado:

- Que tenga conocimientos acerca de los trastornos del humor, una amplia experiencia en psicofarmacología y esté actualizado en la investigación de este campo
- Que esté consciente de que siempre hay innovaciones y que no necesariamente tiene todas las respuestas
- Que tenga buena disposición para explicar los temas médicos claramente y para responder a las llamadas
- Que exista un compromiso para trabajar estrechamente con los padres
- Que tenga una buena relación con el niño
- Que comprenda lo traumática que es una hospitalización para el niño y los padres, y se mantenga en contacto con la familia durante este periodo.

Una vez establecido el contacto con el especialista, lo que sigue es superar el "trauma" de haber recibido el diagnóstico del trastorno bipolar, para lo cual se recomienda irse relacionando con un psicólogo también con experiencia en el tema y que pueda, en un futuro, llevar el caso.

Es muy importante seguir las indicaciones para la administración del medicamento. Regularmente los padres presentan mucha resistencia a dar fármacos a sus hijos, quizá con mayor información sobre el control de la enfermedad puedan entender que es la alternativa más eficaz. Para probarlo puede ser útil administrar el medicamento durante un tiempo prudente, durante el cual se observen los síntomas, que pueden graficarse para que sean más claros. Sin embargo, el tratamiento no debería ser pospuesto por mucho tiempo, debido al riesgo de suicidio o alguna otra consecuencia.

El médico especialista regularmente advierte sobre la eficacia de la medicación y que no funciona de la misma manera en todos los niños, así que habrá que esperar un proceso de adaptación variado que va de semanas a meses, en el que el médico puede ajustar las dosis y probar diferentes medicaciones solas y en combinación antes de encontrar el mejor tratamiento para su hijo. Frecuentemente estos periodos de adaptación al medicamento causan desesperación en los padres, por lo que se recomienda no desanimarse y observar, por mínimas que sean, las mejorías que va presentando el menor.

Por otra parte se sugiere estar pendiente de los factores que complican el tratamiento, entre los cuales podemos destacar:

- Tener un servicio médico deficiente o no contar con ninguno
- Exponer al menor a largos periodos sin tratamiento
- Dar un uso inadecuado al medicamento, suspenderlo o administrarlo sin considerar las indicaciones del médico
- Rodearlo en la casa o en la escuela de un ambiente tenso
- Que existan confusiones en el diagnóstico ante la coexistencia de otros padecimientos, además del trastorno bipolar
- Que el menor esté consumiendo sustancias tóxicas (drogas o alcohol).

Una de las principales tareas para que los padres puedan ayudar al menor es leer e investigar sobre la enfermedad, los avances que han ido surgiendo, y participar en grupos de apoyo junto con otros padres de menores con el trastorno bipolar. Existen muchas preguntas todavía sin responder acerca del trastorno bipolar, pero una intervención y un tratamiento tempranos pueden ofrecer estabilidad del humor y restaurar el bienestar. Los padres son los que mejor pueden manejar las recaídas con una intervención preventiva. Se están investigando más características de los niños afectados, por lo que a medida que pasa el tiempo se encontrarán nuevas alternativas, tanto en el tratamiento medicamentoso como en el psicoterapéutico.

Se sugiere a los padres considerar algunos aspectos para ayudar a controlar la enfermedad bipolar, para contar con un diagnóstico y un tratamiento temprano, que sin duda repercutirán en la calidad de vida de los niños que la padecen.

- Asegurarse de que la atención médica es la más competente
- Establecer como hábito la medicación y el tratamiento en general
- Tomar las medidas necesarias para reducir el nivel de estrés en el menor
- Relacionarse con otras familias que presentan el mismo padecimiento para no estar aislado y contar con el apoyo de personas que, por su experiencia, pueden ahorrarle pasos innecesarios y costosos.

CAPÍTULO VII
TENDENCIAS AL SUICIDIO

La Organización Mundial de la Salud (OMS) ha manifestado que el suicidio ocupa un lugar entre las primeras diez causas de muerte, y que alrededor de 1 110 personas se suicidan en el mundo cada día. También entre sus estadísticas se revela que otros cientos de miles, independientemente de la geografía, cultura, etnia, religión, o posición socioeconómica, lo intentan.

El intento de suicidio, junto al suicidio, son las dos formas más representativas de esta conducta, aunque no las únicas. El espectro completo del comportamiento suicida está conformado por ideas de autodestrucción en sus diferentes gradaciones: la amenaza, el gesto, el intento y el hecho consumado. Obviamente el suicidio y el intento de éste, son los más graves; sin embargo, es importante tener en cuenta si el paciente presenta los otros comportamientos suicidas, que de darles seguimiento y atención oportuna, podrían ayudar a evitar graves consecuencias.[41]

Este tema es sumamente delicado y difícil de abordar; sin embargo, se consideró necesario incluirlo, por ser de vital importancia saber en qué situaciones puede producirse, y así poder tomar algunas medidas preventivas. Conocer

---

41 Pérez Barrero, Sergio Andrés, "El suicidio, comportamiento y prevención", *Revista Cubana de Medicina General e Integral*, vol. 15, núm. 2, Ciudad de La Habana, marzo-abril, 1999, página de internet javascript.void

el tema puede permitir a los familiares y amigos de un paciente bipolar, detectar si se encuentra en peligro de llevar a cabo algún acto que tenga como propósito terminar con su vida.

Algunos especialistas indican que, con frecuencia, la manifestación de tendencias suicidas constituye una petición de ayuda que debe ser atendida, y por el alto grado de peligrosidad no debe dejarse sin resolver, inclusive cuando los familiares crean que el acto responde a chantaje. En todos los casos es necesario darle la importancia que amerita, y para ello es indispensable tener contacto con el médico de urgencia, así como un hospital que pueda atenderlo en una emergencia.

Se podría definir el intento de suicidio como el acto deliberado que comete un individuo contra su misma persona, con la finalidad de quitarse la vida sin que llegue a lograrlo. Regularmente al ingresar a un hospital después del hecho, los pacientes no explican que fue lo que les provocó el daño, por lo que en algunos nosocomios se utilizan algunos signos del paciente para determinar si fue o no un intento de suicidio:

- Si hubo sobredosis de fármacos
- Ingesta de cualquier sustancia tóxica utilizada para el control de plagas
- Ingesta de sustancias corrosivas, abrasivas o ácidos
- Heridas o daños físicos que reflejen autoagresión.[42]

---

42 Ver *Revista de psiquiatría en la página de internet*: sisbib.unmsm.edu.pe/
    bVrevistas/neuro_psiquiatria/v62_n3-/bib_suicidioydepresion.html

Haciendo un poco de historia, se puede decir que el término "suicidio" aparece en 1635, cuando se reconoce en *The Oxford English Dictionary;* sin embargo, algunos creen que fue inventado en 1737, por el abate Desfontaines en Francia y podría traducirse como "matarse". El intento de suicidio es visto desde aquellos tiempos como fracaso de suicidio. Ya que en 1958 (Stengel y Cook[43]) ya existía una clara diferencia entre "suicidio" e "intento de suicidio", no sólo porque este último no era un hecho consumado, sino por las implicaciones psicológicas de uno y otro, es decir, se han encontrado diferencias sustanciales entre la población que se suicida y la que lo intenta sin lograrlo. Algunas particularidades que las distinguen son características como el sexo, la edad, los aspectos sociales y de comunicación. Cabe aclarar que este dato no es exclusivo de los pacientes bipolares, y que la proporción entre suicidio e intento de suicidio varía según la edad o de acuerdo con la sociedad a la que pertenecen. Y aunque muchos lo intentan son pocos los que llegan a consolidar el hecho.

En cuanto a las implicaciones psicológicas también hay diferencias. En algunos casos, un intento suicida puede ser producto de un acto impulsivo, como resultado de un periodo depresivo o maníaco, pero también puede ser un acto planeado con anticipación. Por lo regular, como el suicidio o el intento suicida, se atribuyen más a causas biológicas que a psicológicas, en la mayoría de los casos no se encuentra un problema de fondo en la vida del paciente,

---

43 Citados por Dante Durán[1], Guido Mazzotti[2] Y Aldo Vivar[3]. "Intento de suicidio y depresión mayor en el servicio de emergencia de un hospital general". *Revista de Neuro-Psiquiatría*, vol. 62, núm. 3-4, sisbib.unmsm. edu.pe/bVrevistas/neuro_psiquiatria/v62_n3-4/bib_suicidioydepresion. html

o bien se argumentan situaciones poco trascendentes. Más adelante se describen los factores estresantes que los enfermos bipolares han manifestado como causa de sus problemas emocionales, y que les han llevado a tomar esta fatídica determinación.

Incidencia del suicidio en pacientes bipolares

Es difícil tener el dato sobre cuántos pacientes han presentado un intento de suicidio, ya que regularmente ingresan al hospital como emergencia, razón por la cual no son diagnosticados como tales. Cuando llega a un hospital una persona que lo ha intentado, es atendido como una urgencia médica, en la que deben tomarse las medidas para salvarle la vida puesto que la mayoría llega con signos de envenenamiento, sobredosis de fármacos, heridas cortantes en el cuerpo o algún otro signo de autoagresión.

Respecto a los pacientes bipolares tampoco se sabe con exactitud cuántos cometen suicidio, pero algunos estudios revelan una situación grave, ya que se calcula que hasta el 15% de las personas con trastorno bipolar mueren por suicidio y hasta el 50% lo llegan a intentar al menos una vez en el transcurso de su vida.[44]

Las ideas suicidas son más comunes en episodios depresivos o mixtos, pero también pueden aparecer durante las fases maniacas. En algunos pacientes sólo son ideas que van y vienen en su cabeza; sin embargo, dependiendo de

---

44 Jamison, K. R., "Suicide and bipolar disorder", *Journal of Clinical Psychiatry*, núm. 61, supl. 9,, pp. 47-56, 2000.

su grado de desesperación, podrán poner en práctica estos pensamientos. Las ideas suicidas se materializan como hemos visto, o bien por un acto impulsivo o como resultado de una planificación muy cuidadosa, y por lo regular se llevan a cabo en fases agudas de la enfermedad. Si una persona nunca había tenido pensamientos suicidas y aparecen de un momento a otro, es probable que no tenga la confianza de revelarlos, sobre todo porque la indicación médica ante esta situación es la hospitalización. Ésta es una de las situaciones que hacen imprescindible que además de la medicación los enfermos lleven psicoterapia, la cual podrá ayudar a disipar los pensamientos suicidas después de darlos a conocer. Y además deben conocer que sólo son candidatos a hospitalización cuando se han cumplido los factores de riesgo que un poco más adelante mencionaremos.

Causas biológicas y sociales del suicidio en pacientes bipolares

Hasta ahora se cree que la causa principal para que un paciente cometa suicidio, son fundamentalmente mecanismos biológicos y genéticos. Se ha determinado que las alteraciones neuroquímicas son responsables de mantener niveles bajos de serotonina en el cerebro de las personas que cometen suicidio,[45] así como un déficit en la producción hormonal. Ante esta situación, lo único que puede hacer el

---

45 Mann, J.J., Oquendo, M., Underwood, M.D. y Arango, vol., "The neurobiology of suicide risk: A review for the clinician", *Journal of Clinical Psychiatry*, núm. 60 (supl. 2), 1999, citado en Miklowitz, D.J., *op cit.*, p. 326.

paciente es llevar un estricto control de los fármacos prescritos.

El sufrimiento que provoca el trastorno bipolar produce desmoralización, lo que les lleva la desesperanza. Existen varias razones por las que se atribuye a este factor un vínculo estrecho con el suicidio,[46] por una parte, porque las oscilaciones del estado de ánimo traen consigo conductas negativas que regularmente sumergen a los pacientes en terribles conflictos, por lo que prácticamente tienen que rehacer su vida cada vez que salen de un episodio agudo. Por otra parte, el ir y venir de un estado depresivo a uno maniaco, en forma impredecible, les hace desconfiar que los periodos libres de síntomas (estados eutímicos), sean prolongados y les permitan llevar una vida tranquila. De esta manera nunca disfrutan el presente, pues permanecen temerosos y preocupados de que en cualquier momento sufrirán, junto con sus familiares, las inclemencias de nuevos episodios agudos.

A estos problemas se agrega la difícil tarea de superar el estigma de una enfermedad que tiene que ser tratada por un psiquiatra, y en algunas ocasiones debe ser atendido en hospitales de salud mental. Este solo hecho produce vergüenza y desgraciadamente hace menos probable que se recurra a un sistema de apoyo especializado.

Los especialistas evalúan que los cambios bruscos en el estado de ánimo, sobre todo hacia la depresión, son muy difíciles de soportar, situación que se agrava con un elevado nivel de recidivas (recaídas). Todos estos factores hacen que los pacientes deseen liberarse de las circunstancias

---

46 Newman, C.F., 2005, *op cit.*, p. 107.

intolerables y del dolor emocional, mental y físico que acompañan a la depresión y a la ansiedad.

También pueden existir factores de alto nivel de presión emocional, que contribuyen a que el paciente se sienta sin alternativas ni motivación para seguir existiendo, lo que se agrava cuando está pasando por una crisis depresiva o maniaca.

Entre los aspectos sociales, el abuso del alcohol constituye un factor que puede llegar a ser determinante, no sólo en los pacientes bipolares, sino en la tasa de suicidio. En general, más del 25% de todas las muertes por suicidio se presentan en sujetos alcohólicos, muchos de ellos además tienen complicaciones psicológicas a causa de trastornos psiquiátricos. En pacientes bipolares, se considera que el efecto desinhibidor o bien depresor del alcohol, les hace sentir "valor" para suicidarse. Tanto en los suicidios consumados como en los intentos, el alcohol ha estado vinculado de una u otra manera.

Factores de riesgo de cometer suicidio

Los pacientes bipolares que tienen mayores factores de riesgo para cometer suicidio son los que además del trastorno bipolar presentan otros trastornos psiquiátricos como esquizofrenia, trastornos de personalidad o que presenten farmacodependencia o alcoholismo. Y por otra parte los que alcazan un alto nivel de estrés a causa de distintas situaciones como pueden ser: la muerte de la pareja o de otro ser querido, el divorcio, pasar por situaciones judiciales que les lleven al encarcelamiento, haber perdido su empleo, o bien cualquier otro problema familiar o social que les parezca irresoluble. Algunos de estos factores tienen su origen en experiencias infantiles adversas, como el abuso sexual y físico, la pobre relación entre padres, e hijos, tormentosos procesos de divorcio entre los padres y el que es considerado de más peso es la pérdida de uno o ambos padres antes de los once años de edad.

Estudios realizados en Suiza, Holanda e Inglaterra a pacientes suicidas, encontraron que un alto porcentaje de ellos (alrededor del 30%), eran personas que vivían solas. Esto se ha tomado como un factor de riesgo, porque en muchos casos la sensación de soledad es lo que lleva a un paciente a cometer suicidio. Esta sensación de soledad la llegan a experimentar incluso viviendo rodeados de personas.

Entre las medidas preventivas se sugiere un registro de actividades diarias, porque puede ayudar a detectar factores de riesgo de suicidio. Esta observación y la orientación profesional, permitirá saber cuándo corre peligro. Se considera que una persona está en peligro de cometer suicidio si cumple algunas condiciones, que a continuación se enuncian.

1. Si sufre el trastorno bipolar y consume alcohol u otras sustancias en forma desmedida
2. Si sufre crisis de angustia, agitación, inquietud u otros síntomas de ansiedad grave
3. Si es propensa a actuar en forma impulsiva
4. Si ha sido hospitalizada recientemente
5. Si ya ha intentado suicidarse otras veces
6. Si en la familia existe una o más personas que se han suicidado
7. Si recientemente ha sufrido la pérdida de un ser querido por fallecimiento o divorcio

8. Si permanece aislado durante largos periodos; no cuenta con tratamiento adecuado
9. Si manifiesta no tener ningún motivo para vivir.

Algunas medidas preventivas

Actuar desde que aparecen por primera vez los pensamientos suicidas, consultando con su médico. Al parecer es más efectivo trabajar en forma preventiva.

Deshacerse de objetos y otros medios que pudieran ser peligrosos para lesionarse. Sobre todo de armas, o medicamentos en abundancia, algunas veces se recomienda tener sólo las dosis para dos días, dependiendo del caso, y mantener el resto del medicamento bajo resguardo de una persona cercana.

Si no se cuenta con los recursos para asistir a un terapeuta en forma particular, debe acudir a alguna institución psiquiátrica gubernamental. Es conveniente hacer el contacto con anticipación; de no ser así, en estas instituciones tienen servicio de urgencia.

Contar con un grupo de apoyo, que puede estar constituido por familiares y amistades cercanas. Un paciente bipolar debe tener presente que en su padecimiento habrá momentos en que no logre tener el control de sus actos, así que debe tener a alguien de confianza que le ayude a tomar decisiones o incluso que tome las riendas y sepa qué hacer en momentos de crisis.

Una de las medidas más efectivas para evitar los pensamientos suicidas es que el paciente logre tener un aprecio por su persona en función de lo útil, e incluso necesario, que es para otras personas, y que además está preparado para enfrentar la vida. Por ello es de vital importancia acudir con un psicoterapeuta que le ayude a construirlo. En este aspecto también el grupo de apoyo, bien informado, podrá ayudar.

Si el paciente tiene convicción en algún método o instituto, o incluso en religiones o espiritualidad, no se detenga en acudir.

Puede ser de gran ayuda realizar ejercicios de relajación, ya que bien llevada logra reducir la ansiedad y la agitación. Esto funciona si el paciente ha logrado relajarse en otras circunstancias, también podría realizarse en forma asistida practicando alguna disciplina que la incluya, como el yoga.

Los familiares, bien orientados por el psicoterapeuta, pueden ayudar a su ser querido llevar a cabo una serie de actividades que encuentre interesantes y agradables, en las que pueda comprometerse de forma consciente, de esta manera podrá evadir las ideas suicidas. Las razones por las que se sugiere estar en constante actividad, pueden sintetizarse de la siguiente manera:

- "Si el paciente se mantiene activo puede romper el círculo vicioso de desesperanza, retraimiento, empeoramiento de los síntomas y aumento de la desesperanza.
- La actividad física tiene efectos antidepresivos.
- Las actividades hacen que el paciente entre en contacto con otras personas, cuya presencia puede actuar como protección.
- Mantener la actividad a pesar de tener un estado de ánimo negativo puede aumentar la sensación de eficacia del paciente.
- Un buen tono físico ayuda a finalizar tareas importantes, pensar las cosas con más claridad, recibir

retroalimentación positiva del entorno y reducir el aletargamiento general".[47]

Qué hacer cuando se sospecha que alguien lo intentará

Erróneamente se ha creído que hablar de la ideación suicida con el paciente puede inducirlo a ello, por el contrario, todas estas manifestaciones de autodestrucción deben ser exploradas, y abrir el diálogo con el paciente cuando no las manifiesta, pues la comunicación sobre el tema no incrementa el riesgo de desencadenar el acto y sí puede suponer una gran oportunidad para prevenirlo. Hablar del suicidio es una situación incómoda, tanto para el paciente como para la familia; sin embargo, es mejor tomar en cuenta las ideas que rondan la cabeza de la persona afectada. Algunas medidas pueden parecer extremas, pero no hay necesidad de llegar a ellas si se han tomado las medidas preventivas necesarias.

En un artículo publicado en una revista cubana[48] se expone que la ideación suicida abarca un amplio campo de pensamiento. A continuación presentamos las fórmulas que se encontraron y que de alguna manera pueden ejemplificar el grado en que el paciente, familiar, pareja o amigo, se encuentra.

---

47 Newman, C.F., 2005, *op cit.*, p.124

48 Pérez Barrero, Sergio Andrés, "El suicidio, comportamiento y prevención", *Revista Cubana de Medicina General Integral.* vol. 15, núm. 2, Ciudad de La Habana, marzo-abril, 1999. http://scielo.sld.cu

- "El deseo de morir ('La vida no merece la pena vivirla', 'Yo lo que debería hacer es morirme', etcétera).
- La representación suicida ('Me he imaginado que me ahorcaba').
- La idea de autodestrucción sin planeamiento de la acción ('Me voy a matar', y al preguntarle cómo lo va a llevar a efecto, responde: 'No sé cómo, pero lo voy a hacer').
- La idea suicida con un plan indeterminado o inespecífico aún ('Me voy a matar de cualquier forma, con pastillas, tirándome delante de un carro, quemándome').
- La idea suicida con una elaborada planificación ('He pensado ahorcarme en el baño, mientras mi esposa duerme'). Se le conoce también como plan suicida. Sumamente grave".[49]

Cualquier semejanza con las respuestas ejemplificadas anteriormente, debe ser considerada con seriedad y consultarla con personal especializado para valorar en conjunto la conducta que se debe seguir en forma inmediata. Las amenazas suicidas son expresiones verbales o escritas del deseo de matarse y deben tenerse en cuenta. En múltiples ocasiones se puede llegar a pensar que sólo son amenazas, actos para llamar la atención familiar o técnicas de manipulación para lograr un objetivo; sin embargo, es un error frecuente creer que por haber exteriorizado la idea suicida no se cometerá.

En el caso de que el paciente no externe información, pero se sospeche que tenga alguna intención o idea suicida, lo más conveniente es asistir a un especialista. Los

---

49 Pérez Barrero, Sergio, *op cit.*

familiares, las parejas o amistades pueden detectar alguna forma de ideación suicida en conversaciones espontáneas; en este caso podrían tratar de indagar sobre lo mencionado. Una manera es preguntarle por sus planes a futuro, tales como si estudiará una carrera, o si piensa tener hijos, a qué va a dedicarse, en qué le gustaría trabajar o cualquier otro interés que pudiera motivarle de acuerdo con su edad y el medio en el que se ha desenvuelto. El hecho de que un familiar platique del tema con su ser querido, no significa que pueda evitar este pensamiento, simplemente es una manera de tomar consciencia de la necesidad de recurrir al tratamiento psicoterapéutico para que el especialista tome medidas preventivas.

Existe un método para evaluar estas tendencias, en las que los especialistas utilizan formas directas para recabar la información y pueden determinar el grado de peligro en el que se encuentra el paciente.

Uno de los principales problemas, por los que es difícil que una persona con síntomas bipolares reciba un diagnóstico acertado a tiempo y se evite la pena de que ocurra un hecho fatal, es la resistencia a asistir al psiquiatra, por tabú o estigma de las instituciones de salud mental. Para cubrir su necesidad de atención acuden a otros profesionales, y muchas veces no se les diagnostica adecuadamente. Los familiares de un presunto paciente bipolar deben superar primero sus propias resistencias al respecto, en función del riesgo de perder a su ser querido ante la falta de tratamiento oportuno.

Por otra parte, es indispensable que tanto el paciente como su familia o personas cercanas, entiendan que los pensamientos suicidas se deben al desorden biológico y no son sólo producto de una debilidad o resultado de un problema emocional. La importancia de tenerlo en cuenta es que en estas circunstancias debe buscarse la atención adecuada, tanto farmacológica como psicoterapéutica. De otra manera los esfuerzos por ayudar a un ser querido bipolar se verán frustrados, ya que muchas familias que enfrentan esta dificultad tienden a creer que con mejorar sus relaciones y sus condiciones de estrés, es suficiente para lograr el desvanecimiento de la idea suicida.

Qué hacer cuando el paciente lo ha intentado en varias ocasiones

Se ha comprobado que los pacientes que han cometido varios intentos de suicidio, responden en forma cualitativamente diferente al tratamiento y a los factores estresantes.[50] Quienes han cometido varios intentos parecen necesitar cada vez menos la intensidad de factores estresantes externos y tienden a experimentar estados psicológicos de crisis de larga duración. También son más propensos a abandonar el tratamiento, e inclusive tienden a rechazar con mayor frecuencia la ayuda de los demás.

Atendiendo a estas circunstancias, cuando una persona detecta que su familiar, pareja o amigo, tiene este comportamiento y ya ha presentado varios intentos suicidas, lo más conveniente es extremar las precauciones, ya que el paciente en cuestión se encuentra en un alto nivel de riesgo. Por su parte, el especialista deberá poner especial atención a sus sentimientos y creencias con relación al tratamiento, con la finalidad de prevenir que se abandone.

---

50 Newman, C.F., 2005, *op cit.,* pp. 110-111.

El terapeuta tiene la posibilidad de evaluar, aunque el paciente no revele su desesperanza, ni sus ideas o planes de suicidio, identificado otros síntomas que tengan repercusiones importantes. En la exploración, puede observar sensación de fracaso en el sujeto, tendencia al autorreproche, o un nivel subjetivo de culpa, inutilidad, indecisión, anhedonia, así como otros indicadores de desesperación.

Además se tendrán que observar con detenimiento los primeros síntomas de un nuevo episodio agudo para que reciba, por indicaciones de su médico, una intervención más intensa hasta que el peligro disminuya. Es recomendable estar en contacto, como familiar o responsable, con el terapeuta, tomando en cuenta que el especialista más adecuado es el que tiene mayor conocimiento sobre la historia y evolución de la enfermedad del paciente, esto incluye que sepa o haya estado presente en todas las situaciones en que ha presentado intentos suicidas. Habrá que pedir orientación al médico para que ofrezca teléfonos de emergencia, tanto el suyo como los de instituciones que puedan recibirlo de urgencia. Del mismo modo, el paciente debe tener a la mano una lista de nombres y teléfonos de personas cercanas que puedan auxiliarlo en un momento crítico.

Los familiares del paciente suicida

El trastorno bipolar, como ya lo hemos mencionado, es una enfermedad que no sólo ataca a quien la desarrolla en su persona, sino a toda la familia, a su pareja y a sus amistades, así que la muerte por suicidio aparentemente acaba con el sufrimiento del paciente, quien cree así que también se acabará el dolor causado a la familia. Sin embargo, esta

creencia es errónea, pues una pérdida en estas condiciones
lleva a la desolación de las personas que la sobreviven.

Los psicoterapeutas están encargados, entre otras cosas, de hacerles entender esta situación, pues no hay una
carga más difícil que llevar por el resto de la vida, que los
sentimientos de ira, impotencia, culpa y dolor de la familia
del paciente, por no haber impedido el suicidio de su ser
querido.

Los pacientes que se han planteado el suicidio, lo
consideran una solución definitiva a sus problemas. Los
especialistas afirman que es "una solución permanente a
un problema temporal".[51] Si el paciente logra entender esto
fuera de estados críticos de la enfermedad sería de gran
utilidad para tomar las medidas preventivas necesarias. Se
ha considerado que la enfermedad bipolar es un problema
temporal, porque en la actualidad existen muchas alternativas de solución, algunas muy costosas, pero hay otras que
son de servicio social o asociaciones civiles como la Natio-
nal Depressive and Manic Depressive Association (NDMDA):
www.ndmdal.org, la cual tiene alrededor de trescientas
sedes en diferentes partes del mundo.

La ayuda también debe ser para los familiares, y más
aún cuando han sufrido un deceso en estas circunstancias.
De ninguna manera es justo que sufran atribuyéndose culpas
que no les corresponden. Por lo que es necesario repetir: las
causas son más de orden biológico social, y en gran medida
la falta de difusión de la enfermedad ha contribuido a que
la familia o el responsable del paciente no sean orientados
con anticipación.   ■

---

51 Fawcett, J., Goden, B. y Rosenfeld, núm., *New hope for people with bipolar
    disorder*, Roseville, CA, Prima Health, 2000, p. 147.

CAPÍTULO VIII

PERSONAJES QUE HAN PADECIDO EL TRASTORNO BIPOLAR

Mucho se ha dicho que el trastorno bipolar es una enfermedad de genios, ya que un sinnúmero de personas famosas y brillantes, intelectuales, músicos, pintores, escritores y poetas, la han padecido. Al respecto existen opiniones encontradas, y argumentos de peso en este sentido, pero también los hay en contra de esta creencia.

Lo cierto es que aun las personas más creativas, sensibles y talentosas del mundo, que han padecido el trastorno bipolar, han pasado por tribulaciones de tal magnitud que han llegado a quitarse la vida. Sufrimientos semejantes a los que ha tenido cualquier persona que ha transitado con el padecimiento en siglos pasados y que no han contado con tratamientos viables. El trastorno bipolar es una enfermedad progresiva e implacable, y que sin la atención adecuada puede vencer incluso a las personalidades más tenaces y vigorosas de nuestra sociedad.

Algunos médicos o profesionales que trabajan con pacientes bipolares, transmiten la idea de que es una enfermedad que se desarrolla en personas con grandes talentos, y la utilizan como una estrategia para hacer sentir mejor a sus pacientes; sin embargo, no se les ayuda en nada haciéndoles creer esto. Lo más apegado a la realidad es hacerles ver que su enfermedad no responde a ningún castigo y que la han padecido incluso quienes parecen "tenerlo todo", es decir, que son populares, tienen talento, son físicamente fuertes y sin problemas económicos o de otra índole, que hay métodos para tratarla con la finalidad de controlarla, y que es importante que sean conscientes de las fatídicas consecuencias, para poder combatirlas.

A continuación, a manera de ejemplo, se exponen brevemente los casos de tres figuras brillantes en su época, y que gracias a sus obras han trascendido en la historia de la humanidad.

Vincent van Gogh

La vida del pintor Vincent van Gogh es sumamente ilustrativa respecto del trastorno bipolar. También es un caso que ejemplifica la comorbilidad del trastorno bipolar, ya que al parecer no sólo tenía una enfermedad del estado de ánimo, sino que es probable que se combinara con un trastorno de personalidad, además de que existen evidencias de que tuvo epilepsia. Los estudiosos de su caso, ponen en entredicho que haya padecido un trastorno de personalidad, y por ello en tiempos posteriores a su vida, se han estudiado sus cartas, cerca de setecientas cincuenta, afirmándose que en ninguna de ellas se han descubierto señales de enajenación mental. Se dice que en las cartas demostraba claridad de pensamiento, nunca se extraviaba, todo era lúcido y expresado con un lenguaje sencillo y comprensible.

No obstante su enfermedad, Vincent van Gogh ha sido considerado uno de los mejores dibujantes y pintores de su época. A continuación se presenta una pequeña semblanza de su vida, con la intención de observar la evolución de su trastorno más que de su obra, para ello se recomienda al lector revisar la bibliografía sugerida.

Nace el 30 de marzo de 1853, en Groot-Zundert, en el Brabante neerlandés (Holanda), cerca de la frontera belga. Este lugar se describe como melancólico, en medio de un bosque y con el cielo siempre encapotado. Su padre era ministro protestante y su madre provenía de un ambiente tranquilo y sencillo; se cree que de ella Vincent heredó el gusto por la pintura, ya que ella había hecho algunas acuarelas antes de su matrimonio. El primer hijo de esta pareja murió a las seis semanas de nacer y Vincent nace exactamente un año después. Tuvieron cinco hijos más, entre ellos Théo, quien fue sostén y guía de Vincent durante casi toda su vida. Ya desde niño se le describe con humor taciturno, con brusquedades y vivacidades inesperadas, largos periodos de postración, obstinado, voluntarioso, burlón y con tendencia al aislamiento. Estas características las externaba su propia familia, su hermana Elisabeth Huberta escribe una carta: "No sólo sus hermanos menores y sus hermanas —escribió Elisabeth—, eran para él unos extraños, sino que él mismo era un extraño para sí".[52] Los autores de sus biografías definen una niñez gris, salvaje, pero obstinada y voluntariosa. Al parecer Vincent intentaba acercarse a su familia sin conseguirlo, a estos pequeños fracasos sucedían periodos de profundo abatimiento, y aunque los hermanos no lo comprendían trataban de proporcionarle el amor que creían le hacía falta.

Sus padres decidieron meterlo a un internado para que conviviera con muchachos de su edad; sin embargo, el resultado no fue satisfactorio. Sus calificaciones dejaban mucho que desear, continuó siendo impulsivo y feroz, sin que esto aumentara o disminuyera, pero además frecuente-

52 Cardona Castro, Francisco Luis, Giménez Taurina, M, Mas Franch, M., *Van Gogh*, Edimat Libros, S.A., Madrid, 2003, p. 10.

mente se aislaba para leer textos de filosofía y teología, que a sus once años parecían impropios, o simplemente para soñar despierto. Después viajó por varios lugares, lo cual pudo constituir en parte su formación como pintor. Siendo aún joven en 1869, fue contratado en París en la galería de arte Goupil, donde al parecer pasó una temporada de tranquilidad y fue tan responsable durante los cuatro años que estuvo laborando que lo ascendieron, por lo que se le envió a Londres a una sucursal de esta galería.

La relación con su padre nunca fue buena pues éste pretendía que Vincent se convirtiera también en pastor, pero sólo recibió decepciones por los fracasos de su hijo en sus intentos por complacerlo. Los fracasos no sólo afectaban a sus padres, sino al mismo Van Gogh, que padecía terribles depresiones. Después de muchos intentos por ser pastor decidió dedicarse de lleno a la pintura, aunque en realidad, desde sus primeras acuarelas (1862), nunca dejó de pintar. Escogió el dibujo como medio de expresión para demostrar que no era un holgazán, que era capaz de trabajar y de perseverar en una dirección bien definida, e incluso remunerada. Al principio su padre lo sostuvo económicamente, pero la relación se fue deteriorando cada vez más hasta que en una discusión (1882) Vincent rompió relaciones con su padre y otros parientes, a quienes no volvió a ver.

Vincent tenía una relación de dependencia con su hermano Théo, quien fue su refugio, una especie de puerto de seguridad y su total apoyo. Además de confidente, después fue testigo de sus avances, ya que muchas veces era su enlace con el mundo. Vincent, desde que llegó a París inició una abundante correspondencia con Théo, a quien llegó escribir hasta dos cartas por día. El pintor necesitaba de su hermano hasta para subsistir en su miseria. Ocasionalmente

Théo manifestó miedo e inquietud por lo que su hermano esperaba de él, temía decepcionarlo, pero lentamente su apoyo fue más sólido.

Las relaciones sentimentales del pintor también fueron tormentosas; en una carta dirigida a su hermano, le confiesa que había conocido a una mujer vagando por las calles y la encontró encinta, la invitó a ser su modelo y la mantuvo durante mucho tiempo. La mujer era Christien Hoornick pero él la llamó Sien, se había dedicado a la prostitución y estaba pasando por una situación de miseria, tanto por el tipo de vida que llevaba como por el consumo de alcohol, pero eso no le preocupaba a Vincent. Cuando Théo se entera de que su hermano sostenía esta relación, trató de persuadirlo para que la dejara. Para la familia fue un golpe duro, sobre todo por sus raíces religiosas, ya que su abuelo y su padre habían sido pastores protestantes. De ninguna manera aceptaban que el hijo de una honorable familia estuviera viviendo en concubinato con una prostituta. Vincent sólo veía en la relación con Sien una obra de caridad, ya que consideraba su deber (de buen cristiano) ayudar a la joven a salir de la miseria, y no cesaba de hablar de los cuidados que la mujer, agradecida le brindaba. Se cree que probablemente la relación con esta mujer respondía a los fracasos amorosos de Vincent, y que sólo se separó de esa aparente felicidad hogareña cuando la convivencia con Sien lo enfrentó a una mujer brutal, inculta, desfigurada por la viruela, de lenguaje grosero y carácter depravado, que bebía aguardiente, fumaba puros y tenía un pasado de mala reputación. Théo nunca dejó de insistir en que su hermano abandonase a esa mujer, y Vincent accedió después de muchas desventuras, entre ellas que Sien regresó a la prostitución y nuevamente se embarazó. Pero la razón para dejarla no fue precisamente porque se lo pidiera su hermano, ni siquiera porque sus sentimientos hubiesen cambiado o porque considerarse que su misión con Sien había finalizado, sino porque creía que él no podía darle las comodidades que ella se merecía.

En 1884 fue requerido por su madre, quien se fracturó una pierna al descender de un tren y él acudió para cuidarla dejando pendiente su pintura *Los tejedores*. Durante este tiempo conoció a Margot Begeman, de cuarenta años. Ella manifestó estar enamorada de él, quien le correspondió con la misma pasión que ella le brindaba. En poco tiempo pensaron en el matrimonio, pero la familia Begeman consideraba a Vincent un fracasado y por ello se opuso a la boda. La mujer cuyo estado nervioso dejaba mucho que desear, desesperada y en plena confusión intentó quitarse la vida envenenándose, fue internada y al parecer logró recuperarse, pero las esperanzas de matrimonio de ambos murieron con este hecho.

Su trabajo como pintor era intenso y destacado, durante toda su vida los periodos depresivos y maniacos afectaron su producción, pero una vez superados reanudaba su obra. Al parecer su estado de ánimo empeoraba cuando las condiciones climáticas lo hacían, en el invierno de 1887 en París, en pleno invierno frío y con neblina, regresa la melancolía, la angustia y la inestabilidad del pintor. Para entonces vivía con su hermano Théo, quien a pesar del profundo amor que le tenía, llegó a quejarse de su comportamiento a través de las cartas que escribía a su hermana Anna:

"La vida aquí es casi insoportable. Nadie quiere venir a mi apartamento porque él no hace más que discutir. Además, no se preocupa en absoluto por resultar un poco agradable. Y no quiero decirle que se marche porque eso haría que, por el contrario, quisiera quedarse. Espero que no tarde mucho en irse".[53]

Pasado el invierno la inestabilidad anímica de Van Gogh aminoró, y emprendió de nuevo la pintura. Sin embargo, los conflictos reanudaron cuando Théo empezó a tener planes matrimoniales, pues Vincent sabía que aquel enlace rompería la relación con su hermano. Los pensamientos suicidas se presentaban con frecuencia en el pintor y, entre sus acciones impulsivas, decidió dejar París sin avisar a su hermano. Se mudó a la ciudad de Arlès, se hospedó en un hotel cercano a la estación e inmediatamente buscó trabajo, sólo entonces volvió a entablar comunicación escrita con su hermano. Vincent también contaba con el apoyo de Paul Gauguin, quien fue un pintor famoso y su amigo incondicional (se dice que Gauguin también padecía trastorno bipolar). Gauguin daba muchos consejos a Vincent por correo, pero no parecían ser del agrado de éste. Vivieron juntos en Arlès durante un tiempo, pero tuvieron algunas discusiones profesionales, ya que Paul tendía a usar la geometrización y esto molestaba a Van Gogh. Un día, Gauguin terminó un retrato de su amigo, a quien no le pareció bien porque, aunque reconocía el gran parecido, las características de sus rasgos lo hacían ver desquiciado. Vincent, sentado frente a su amigo, arrojó su vaso a la cabeza de Gauguin, quien logró esquivarlo. Al día siguiente le pide disculpas, Paul las acepta pero reconoce que de repetirse él perdería los estribos y podría estrangularlo, así que decide volver a París. Esa misma tarde Paul empaca y sale a dar un paseo, durante el cual ve a Vincent corriendo por la calle con una navaja en

---

53 Cardona Castro, Francisco Luis, 2003, *op cit.*, p. 106.

la mano. Asustado, se va a hospedar a un hotel mientras llega el día de trasladarse a París. Ése fue el día en que Van Gogh se mutiló la oreja al ras de la cabeza, en cuanto paró la hemorragia se dirigió con la cabeza vendada a una casa en la que vivía una mujer (al parecer otra prostituta) y le entregó la oreja limpia y dentro de un sobre, diciéndole que eso era un recuerdo suyo. Su conducta se atribuyó a que ya no lograba ser coherente debido al exceso de trabajo. Terminaron por internarlo en un hospital. Se le da de alta en cuanto termina la crisis, pero se advierte que puede caer en cualquier momento en la demencia total.

Pasado su episodio maniaco, en un periodo de tranquilidad pensó ingresar a Saint Remy (hospital psiquiátrico), para mejorar su salud. Con esta intención escribe a su hermano:

> "La locura es una enfermedad como otra cualquiera, y es preciso aceptarla como tal, de modo que para limitar los riesgos y tratar de curarme, he decidido entrar como pensionista en el asilo de Saint-Rémy, o en otro establecimiento del mismo tipo, tras hablar de esto con el pastor Salles"[54]

Los arrebatos que sufría en su fase maniaca salían totalmente de su control, al día siguiente de haber cometido una barbaridad manifestaba que no recordaba lo sucedido. Él estaba consciente de que su manera de conducirse no estaba bien y por propia voluntad, como se expresa en su escrito, se internó el 3 de mayo de 1889 en el asilo Saint Paul de Mausoile, en Saint Rémy. Los doctores que lo aten-

---

54 Citado en Cardona Castro, Francisco Luis, 2003, *op cit.*, p. 121.

dieron en ese momento estudiaron los componentes de su enfermedad, entre ellos una posible desviación epiléptica; finalmente se inclinaron más por el diagnóstico de esquizofrenia. Las crisis, raras pero violentas, eran seguidas por periodos de calma durante los cuales Vincent pintaba, escribía y vivía normalmente. La polémica sobre su diagnóstico ha prevalecido hasta la fecha; un estudio, de Henri Gastaud,[55] demostró que los síntomas de su "locura" se identificaban con los de la epilepsia psicomotriz. Como vimos anteriormente existe la posibilidad de que se presente más de una enfermedad en el mismo paciente, lo que hace más difícil el diagnóstico.

Su evolución en el asilo fue buena, a finales de ese mismo año, y contando 36 años, salió sintiéndose mejor. Pero los periodos agudos, tanto depresiones como manías, continuaron. Un año después intenta suicidarse y nadie lo pudo prever, su actitud aparentemente era la de siempre y no hablaba de sus pensamientos suicidas. Se disparó en el pecho y regresó a la posada donde habitaba a tirarse en su cama; gracias al dueño que estaba pendiente de su llegada pudo atendérsele. Ante su hermano lloroso sólo decía que lo había hecho por el bien de todos y que sus intentos por mejorar eran inútiles, estaba seguro de que su sufrimiento duraría toda su vida. Aunque la bala no dañó órganos vitales, parece que fue desviada por la quinta costilla, y por las condiciones de la medicina en aquella época, fue imposible la extracción de la bala y murió el 29 de julio de 1890.

Como vimos en las causas del trastorno bipolar, hasta la fecha es complicado dar un diagnóstico exacto, mucho menos podríamos exigirlo en la época de Van Gogh, además

---

55 *Ibídem*, p. 129.

de que el estudio del trastorno no tenía los avances que
existen en la actualidad, por lo que, sin duda, no llevaba
un tratamiento adecuado. Así, todos sus esfuerzos por
mejorar se veían frustrados. Posiblemente él detectó algunos síntomas que le prevenían de los episodios agudos, ya
que antes de éstos dedicaba más tiempo a su trabajo, a tal
grado que en algunas ocasiones a esto mismo se le atribu-
yeron las crisis. En la evolución de su enfermedad, sufrió
los síntomas más característicos del trastorno bipolar; sus
crisis incluyeron depresión, manía, pensamientos suicidas,
autoagresiones, establecimiento de relaciones conflictivas y
sumamente inestables, y tendencia al aislamiento, entre los
más destacados.

Mozart

En el caso de este brillante músico, el trastorno bipolar es
menos claro y fue diagnosticado después de su muerte, lo
que lo hace incierto. Algunos profesionales consideran que
padecía un trastorno ciclotímico, que como se menciona
en el texto, es una forma débil del trastorno bipolar, lo que
significa que su estado de ánimo oscilaba entre ligeramente
exaltado y ligeramente decaído. En la actualidad es difícil
diagnosticar la ciclotímia, por lo que en la época de Mozart
debió serlo aún más, y tampoco recibió tratamiento adecuado.

Crysostomus Wolfgang Gottlieb Mozart nace el 27
de enero de 1756, en Salzburgo, Austria, hijo del también
músico Leopold Mozart y de Anna Maria Pertl. Fue un
niño prodigio entregado a la música desde muy temprana
edad. El nombre Amadeus es la latinización de Gottlieb,
sus familiares y amigos lo llamarían Wolferl en forma

afectuosa. Su salud era sumamente débil, probablemente porque durante la lactancia no podía asimilar la leche materna, y por ello se le alimentaba con agua y azúcar, aun así su constitución era fuerte y logró superar la difícil etapa. Leopold tuvo grandes expectativas respecto a su hijo, desde su nacimiento, armó un gran alboroto ya que sucedió en domingo, y según la tradición austriaca los nacidos en ese día están predestinados a realizar grandes cosas en la vida; por otra parte, anhelaba que su hijo llegara ser un músico destacado.

Poco a poco su padre fue descubriendo que su pequeño tenía un oído y una memoria musical prodigiosos, era capaz de recordar todas las notas que acababa de escuchar y tararearlas. El ambiente en el que se desenvuelve era favorable para su desarrollo, pues la música estaba en todas partes, ya fuera en el patio, en su casa, en las calles de Salzburgo y hasta en la iglesia. Otra área en la que destacaba eran las matemáticas y durante algún tiempo estuvo muy interesado en ellas.

Su padre "sacrificó" su carrera de músico para dedicarse de tiempo completo a la educación musical de su hijo; sin embargo, la genialidad de Wolfgang le permitía aprender incluso sin su dirección. A los cuatro años comenzó a recibir la enseñanza pero se cree que ya había fincado las bases porque aprovechaba las clases que su hermana recibía. Desde temprana edad, Mozart dio señales de su talento en la composición, sus primeras piezas fueron escritas para el clavecín, mismas que su padre recolectó y publicó en 1759.

A los seis años inicia un periodo de interminables giras de conciertos por las cortes de Europa, a estas giras también asistía su hermana Marianne a quien llamaban afectuosamente Nannerl; la niña era pianista igualmente preparada por su padre. Los viajes y los ensayos eran exhaustivos, ya que se les exigía trabajar a un ritmo mucho mayor que de un músico adulto, lo que en múltiples ocasiones provocó enfermedades a ambos niños, entre ellas la viruela, que le dejó marcas en la cara de Wolfgang. Por esta razón Leopold Mozart ha sido criticado, ya que exponía a sus hijos a penurias y no cejaba en su intento por hacerlos destacar. Amadeus nunca fue rebelde y aceptó en todo momento el papel que el padre le exigió, al parecer sin protestar. Algunos especialistas consideran que fue un conformista hasta la muerte. Fue un niño obediente (demasiado obediente) que asumió como propias todas las tareas y ambiciones que le impusiera su padre.

Su vida no fue sencilla, existía la obsesión del padre por destacar sus virtudes, lo que lograra impulsarlo desde pequeño, pero también lo presionó al grado de privarlo de una infancia tranquila y equilibrada. Un biógrafo describió a Mozart como "un adulto en la niñez y un niño en la edad adulta", y se refería en parte a las presiones de su infancia y a las actitudes infantiles que manifestaba de adulto, probablemente maniacas. Otro aspecto que llegó a ser una carga pesada para el músico era el ambiente de envidia y competencia en el que se desenvolvía. En algunos lugares donde se presentaba a dirigir orquestas, los músicos se mostraban inconformes con que un pequeño tomara ese lugar, mientras que en otros, como en Italia, era un fenómeno alrededor del cual se creaban mitos.

Precisamente en Italia, al ver la facilidad con la que interpretaba e improvisaba cualquier obra se pensó que se debía a un hermoso anillo que llevaba en la mano izquierda, suponían que de esa joya emanaban poderes místicos para ejecutar las maravillosas piezas musicales. Por supuesto que no todo era éxito, en muchos lugares sus conciertos no eran aceptados, el padre de Wolfgang tuvo dificultades con personajes de las cortes que impidieron sus presentaciones. Por ejemplo en Viena, Leopold intentó que la emperatriz le diera audiencia, pero ésta se negó, él no aceptó el rechazo y siguió insistiendo hasta el cansancio, por lo que la soberana montó en cólera y ordenó que no se le volviera a recibir, llamándolo mendigo. Al parecer en esto también tuvo que ver el carácter de Leopold, quien era un hombre colérico y conflictivo. Después viajó a Italia para que el hijo de la emperatriz le diera trabajo de fijo en su corte, pero también lo evade. Este tipo de situaciones hacía que Wolferl entrara en periodos de introspectividad, aunque no por ello dejaba de ser productivo; reflejaba su melancolía en las composiciones que seguían a estos hechos.

Las penurias continuaban a pesar de los éxitos de sus obras. Al volver a Salzburgo, alrededor de 1775, el nuevo arzobispo, Colloredo, se encarga de hacerle la vida imposible, además de que no le permitía la misma libertad que a su antecesor. Entre otras cosas Colloredo, además de tratarlo con indiferencia y cierto desprecio, se entrometía en sus composiciones, lo que llegó a fastidiar al jóven músico. Leopold intentó reanudar las giras para que Europa no olvidara a su hijo; sin embargo, tendrían que pedir permiso al arzobispo, quien cede a la salida de Wolfgang, pero no así a la de su padre, argumentando que su presencia es indispensable en la corte. Mozart tuvo la alternativa de emprender el viaje solo; sin embargo, nunca lo había hecho y no sabía qué podría hacer para vincularse en los distintos destinos. La reacción de molestia del músico fue presentar su renuncia al cargo de maestro de conciertos. Colloredo recibió la carta y montado en cólera los corrió a ambos.

Mozart era una persona alegre y extrovertida y lograba conectarse inmediatamente con la gente que lo rodeaba; no obstante, le costaba mantener relaciones profundas y duraderas. Sus relaciones sentimentales fueron conflictivas, primero se enamoró de su prima María Thekla, por lo que se sentía confundido, posteriormente se enamora de Aloysia Constance, hija de Fridolin Weber, músico de suma ambición que tenía pretenciones de lograr seguridad económica al colocar a sus tres hijas. Toda la familia Weber parecía estar en contubernio para lograr esos objetivos. Wolfgang hizo amistad con el papá de Aloysia, y atraído por la muchacha les propone ir de gira juntos, incluso hace lo posible para conseguir que ella fuera contratada por una compañía italiana.

Todos los gastos de la familia Weber durante los viajes que realizaron juntos, fueron absorbidos por Mozart, razón por la cual sus finanzas se hallaban seriamente deterioradas. Los padres del jóven músico estaban muy preocupados por las actitudes abusivas de los Weber y se daban cuenta de que sus intenciones eran explotar a su hijo. Sin embargo, no tenían manera de hacerlo reaccionar, pues él estaba encantado con los Weber. Leopold escribió una severa carta a Wolfgang, dónde plantea lo que piensa de la familia que estaba protegiendo, calificándolos de bandidos y tramposos. Esta carta causó tal impacto en el compositor, que cayó enfermo por varios días, al parecer lo que más le afectaba era ser consciente de que su padre había sacrificado su propia carrera para formarlo musicalmente y que pudiera llegar a encumbrarse.

La carta de su padre tuvo alguna incidencia sobre el muchacho, quien empezó a comprender que estaba arriesgando su futuro. Todo vino a reforzarse cuando empezó a darse cuenta de los engaños de los que había sido víctima, además de que el estado de su economía era una señal ineludible del mal camino que había estado tomando. Su apego por Aloysia no era recíproco, ella sólo veía en él la esperanza de ser aceptada como cantante en una compañía importante, que por lo demás parecía poco probable ya que nunca había participado en ninguna obra formal. A pesar de que Wolfgang lo había comprendido, la separación del lugar donde se encontraba su amada le causó gran desconcierto y depresión. El viaje a París duró más de diez días, durante ese tiempo apenas hablaba con su madre, quien le acompañaba. Su depresión se prolongó aún más, desde que llegó a la capital francesa se encontró aburrido y desmotivado, la mayor parte del tiempo permanecía encerrado en su habitación, donde lloraba por largas horas. En ese momento ya contaba 22 años y empezó a distanciarse de sus padres, quizá por la reacción que tuvieron hacia los Weber.

La expresión facial del joven músico correspondía a lo que sus biógrafos han catalogado como una personalidad inmadura y obsesiva. El propio Mozart no parecía demostrar mucha autoestima cuando escribía a uno de sus contados amigos: "si la gente pudiera ver dentro de mi corazón me sentiría avergonzado….Todo dentro de mí es tan frío, tan gélidamente frío…"[56] Sus penas se verían aún más acentuadas con la muerte de su madre. Wolfgang se sentía responsable, ya que enfermó mientras él hacía sus presentaciones, y debido a que llegaba tarde a su habitación y se iba temprano no se dio cuenta del deterioro de su salud. Cuando por fin se percató

---

56 Morales Anguiano, Juan Pablo, *Wolfgang Amadeus Mozart*, Grupo Editorial Tomo, S.A de C.V., México, D.F., 2002.

de la enfermedad de su madre hizo todo lo posible para salvarla, pero ya era demasiado tarde. Mozart con la pena a cuestas tuvo una etapa muy productiva después de la muerte de su madre, de enero a septiembre del mismo año escribiría varias obras. Sin embargo, poco tiempo después cae enfermo durante un incómodo viaje de París a Estrasburgo, el cual fue realizado tras varias cargas emocionales, como la muerte de su madre, la falta de trabajo, la lejanía de Aloysia, así como su mal estado financiero.

Posteriormente tuvo noticias de los Weber, se enteró de que Aloysia por fin había logrado un contrato en Munich, y que el padre también había sido contratado, por lo que entre ambos lograron mejorar sus condiciones de vida y se les veía desahogados económicamente. Estas referencias causaron desilusión en Wolfgang, pues ya libre de problemas financieros la cantante no tendría ningún interés en él. Mozart tuvo que viajar por razones de trabajo a la ciudad de Mannheim y lo primero que hizo fue visitar a los Weber, el encuentro fue desastroso, pues en cuanto lo vieron se burlaron de él, y la mujer que amaba se encontraba acompañada de otro hombre. Se acercó y le entregó una obra que había escrito para ella, *Popoli de Tesaglia*, pero la mujer la dejó desinteresadamente sobre un clavecín. Mozart, en un arranque de despecho, se sentó al clavecín y comenzó a tocar una canción popular y vulgar en tono de burla. Cuando sintió que había humillado lo suficiente a los Weber, lanzó un saludo al aire y se marchó. El suceso desató un periodo de confusión que lo llevó a vagar por las calles llenas de nieve, evadió a sus amigos y se encerró en su habitación.

No obstante este trago amargo, Wolfgang regresó a casa de los Weber en 1781, al enterarse de que tras la boda de Aloysia y el fallecimiento de Fridolín, su padre, la casa fue convertida en una pensión donde podía hospedarse como cualquier persona. La viuda lo recibió sin problema e incluso hizo lo posible por que se interesara por alguna de las hijas que le quedaban solteras, así,Mozart terminó casándose en 1782 con Constance, una de las hermanas de Aloysia. Se dice que su esposa lo explotó todo el tiempo, dándose una vida que dejó a Wolfgang en la miseria; que nunca fue la abnegada y amorosa esposa que él había imaginado, pues era egoísta, exigente y nunca apreció la labor de su marido.

Poco antes de la muerte del padre en 1787, hubo otros decesos que lo atormentaron, su tercer hijo y su cercano amigo Hatzfeld, quienes fallecieron con pocos días de diferencia. Sus obras no parecían reflejar la inmensa pena que lo embargaba, tan sólo tres días después de la muerte de su padre, entregó una obra que le había sido solicitada, *Manuscrito para Piano*. Todo parece indicar que era lo que ahora conocemos como hiperactivo, ya que según relataba su cuñada Sofía, Mozart ideaba melodías nuevas sin parar mientras hacía otras cosas, como cenar, cortarse el pelo, esperar a que terminaran de tomarle medidas para hacerle un traje nuevo o durante el trayecto de un lugar a otro. Esta actitud creativa lo mantenía ocupado y no prestaba mucha atención a lo que sucedía a su alrededor, siempre llevaba música en la cabeza, por lo que los demás lo consideraban un sonámbulo.

La vida del genio de Salzburgo siguió siendo difícil, entre envidias, desilusiones conyugales y problemas económicos, no encontraba momentos de tranquilidad. Pero esto no parecía afectar su cuantiosa producción artística. En una de sus presentaciones en Praga esperaba tener propuestas para obtener un puesto en la corte gobernante, pero no lo consiguió, a pesar de su gran éxito; además, los músicos prusianos estaban sumamente celosos de su visita y se habían unido para que no fuera aceptado en ningún cargo, así que regresó a Viena en la ruina. Esta situación era muy común, ir con deseos de obtener fama y fortuna y regresar igual o peor. Se le ha considerado una persona inestable, entre otras cosas porque se mudaba de vivienda varias veces en un mismo año, y porque era desordenado e incapaz de administrarse, al grado que acabó sus días en la más absoluta miseria, cargado de deudas.

Alrededor de 1791 estrenó la obra *La flauta mágica*, y se dice que toda su actividad se concentró en este hecho, fue en este tiempo que conoció a Salieri. Durante su encuentro éste le agradeció repetidamente el placer de haber escuchado una obra tan hermosa. No obstante sus elogios se sospechó, inclusive hasta ahora, que Salieri posteriormente lo envenenó. Persiste una gran controversia al respecto ya que algunos otros piensan que sólo eran delirios de persecución del propio Mozart los que desataron tales sospechas. Su esposa relató que Mozart padecía de un estado de salud deteriorado y estaba "poseído por la idea de que querían envenenarle". Ese temor era frecuente entonces, se hablaba mucho en Viena de un veneno llamado "acqua toffana", que, administrado en pequeñas dosis durante mucho tiempo, conducía finalmente a la muerte. También se llegó a creer que el *Requiem* lo había compuesto para su propio funeral, lo que también parece ser motivo de controversias, pero el hecho es que sus últimas fuerzas las dedicó a terminarlo. No lo logró pues la muerte lo alcanzó antes.

Mozart murió en Viena el 5 de diciembre de 1791, y actualmente se cree que la causa más probable de su deceso fue una insuficiencia renal por nefritis post-estreptocócica. Como consecuencia de su enfermedad, Mozart desarrolló en sus últimos meses de vida una encefalopatía urémica y una anemia, suficientes para justificar la sensación subjetiva de envenenamiento que probablemente fue reforzada por la patología afectiva bipolar. También se cree que hubo complicaciones al presentarse una bronconeumonía y una hemorragia cerebral, a juzgar por las descripciones de su evolución en los últimos quince días de vida. Con este argumento, la leyenda que involucra al compositor italiano Antonio Salieri como probable asesino carece de todo fundamento.[57] Mozart murió a los treinta y cinco años, extenuado seguramente por una incesante tarea creativa, un continuo trajín y una intensa búsqueda, en un ambiente de celos y rivalidades que lo condujo al aislamiento. Desafortunadamente no alcanzó la importancia que merecía, en parte porque nunca fue comprendido como genio musical, y porque su padecimiento bipolar probablemente contribuyó a una progresiva angustia existencial.

La situación económica que Mozart dejó era sumamente precaria, por lo que sus amigos aconsejaron a la viuda que no gastara el dinero que no tenía en un funeral ostentoso y mejor permitiera que la carroza fúnebre de los pobres se lo llevara y le diera cristiana sepultura. El músico fue arrojado a la fosa común, se desconoce el lugar donde descansan sus restos.

Virginia Woolf

La tormentosa y creativa vida de Virginia Woolf, famosa escritora y ensayista, constituye un claro ejemplo del trastorno

---

57 http://miportal.tripod.com/mozart.htm, http://www.webpersonal.net/mozart/cast/inicio.htm

bipolar y de los sufrimientos que acarrea dicha enfermedad. Uno de los indicadores, como se ha mencionado antes, son los antecedentes hereditarios, y en su caso hubo datos que confirmaban la presencia de la enfermedad en la familia. Llevaba un tratamiento médico, quizá no el más adecuado por lo que hasta entonces se conocía del trastorno bipolar, ya que se mantenía afligida con la idea de que las recaídas regresarían en cualquier momento.

Nace en Londres el 25 de enero de 1882, bajo el nombre de Adeline Virginia Stephen, hija de Sir Leslie Stephen, quien destacó como crítico e historiador y por haber fundado el Diccionario Nacional de Biografías. Su madre, Julia Jackson Duckworth, provenía de una familia de escritores, de esta manera Virginia siempre estuvo rodeada de literatos, artistas e intelectuales. Tanto Leslie como Julia habían tenido un primer matrimonio y habían procreado hijos antes de conocerse. Julia tenía tres hijos, George, Sella y Gerald, y Leslie tenia una hija llamada Laura. Como pareja dieron a luz a tres mujeres y un hombre, entre los cuales Virginia ocupó el tercer lugar, la primera fue Vanessa, el segundo Thoby y Adrián fue el menor. La relación entre la pareja era cordial y tranquila ante los ojos de los demás, pero Virginia no consideraba que esto fuera así. En su novela *Al faro* da vida a personajes con las relaciones de sus padres, podían discutir sin hablar, fingían leer cuando en realidad se estaban reprochando que él no permitía ni un espacio en el que ella pudiera sentirse libre, por su parte él exigía que su mujer le profesara su obediencia ciega.[58]

El lugar que Virginia ocupó en la familia era muy incómodo: el "ángel guardián". Se acostumbraba que en

---

58 Marder, Herber, *Virginia Woolf. La medida de la vida*, p. 11.

todas las casas de clase media hubiera uno, esta idea que nace en la última época de la reina Victoria y consiste en que las familias tuvieran un cuerpo útil que realizara todas las tareas domésticas con eficiencia. Este peso lo arrastró Virginia durante la mayor parte de su vida. Manifestó su inconformidad en una conferencia en enero de 1931, cuando tenía cuarenta y nueve años, expresando su deseo de matar al ángel de la casa. "El Ángel —sostenía ella— era intensamente amable. Era inmensamente encantador. Era completamente generoso. Se destacaba en las difíciles artes de la vida familiar. Se sacrificaba a diario. Si había pollo, se quedaba con la pata; si había una corriente de aire, se sentaba en ese lugar; en suma, nunca tenía una opinión o un deseo propio, sino que prefería estar de acuerdo con las opiniones o los deseos de los otros. Por sobre todo —¿es necesario que lo aclare?— era puro".[59]

La relación con sus hermanastros fue nefasta, sobre todo con George y Gerald, ya que ambos abusaban sexualmente de ella, ocasionando crisis nerviosas en la escritora. En su diario describe cómo los hermanos empezaron por tocar sus partes íntimas, por lo que ella se sentía ofendida e incapaz de evitarlo. No especifica la edad a la que se inició el abuso, pero se cree que pudo haber sido cuando ella sólo tenía seis años. Algunos de sus biógrafos consideran que quizá ésta fue la razón por la que haya tenido inclinaciones lésbicas, pues se sabe que por muchos años tuvo como amante a la también escritora Vita Sackville-West.

La familia cargaba con síntomas bien definidos de la enfermedad bipolar, el padre de Virginia padeció episodios depresivos, en ocasiones hasta un episodio por año, y

---

59 *Ibídem*, p. 16.

luego tras la muerte de su esposa entró en una progresiva desesperanza. Su hermana Vanessa también cayó en una profunda depresión a consecuencia de una relación extramarital con Roger Fry, uno de los críticos de arte más influyentes de la época y miembro de su grupo de intelectuales, al parecer había sufrido un aborto. Posteriormente Vanessa volvió a presentar signos de melancolía iniciada por la inesperada muerte de su hijo. Otro de los hermanos, Adrián, tuvo que estar en psicoanálisis porque su carácter era fundamentalmente depresivo.

La primera manifestación del trastorno bipolar de Virginia fue un episodio depresivo que duró casi seis meses, cuando tenía sólo trece años. Durante todo un año no logró escribir en su diario como era su costumbre, y al parecer se refugiaba en la lectura, que su médico sugirió suspender. En abril de 1897 sufrió un nuevo ataque que requirió descanso, unos seis años después volvió a recaer y esta vez en forma severa; intentó suicidarse arrojándose por la ventana, lo que la llevó a estar internada en una casa de reposo. Las notas que escribía entonces refieren que escuchaba voces que le indicaban que hiciera actos excéntricos, fuera de lo normal y que mientras estaba en la casa de reposo habían desaparecido.

En 1904 muere su padre víctima de cáncer, lo que le originó una severa depresión, y como resultado de ello la escritora ingiere un exceso de somníferos con la intención de suicidarse. Su hermana Vanessa la invita a vivir en su casa para darle su apoyo y ocuparse de que no volviera a ocurrir. Vanessa se había convertido en pintora y era esposa del crítico Clive Bell, su casa era un centro de reunión de famosos intelectuales, entre ellos Bertrand Russell. Muchos escritores, filósofos, críticos de arte, y artistas conformaron el grupo de Bloomsbury, y lo llamaron así porque era el barrio londinese donde vivía la mayor parte de sus integrantes. Fue en esta época cuando Virginia empezó a publicar críticas literarias en el periódico *The Guardian*, y en *Times Literary Supplement*.

En 1910 tuvo otra crisis y se le prescribe permanecer en cama todo un verano; sin embargo, el periodo más grave del trastorno se dio entre 1912 y 1915. Los reportes médicos describen que las crisis de Virginia consistían en cambios bruscos e intensos de humor, el ánimo que predominaba era depresivo, caracterizado por lentitud de pensamiento, pesimismo, desesperanza, ideas recurrentes de suicidio, horror a la soledad e hipersensibilidad a las personas, desamparo, una autocrítica estricta y despiadada, sentimientos de culpa injustificados. Suspendía sus lecturas y sus escritos porque no lograba concentrarse, sufría de pérdida del apetito y trastornos menstruales, fuertes dolores de cabeza e insomnio. Cuando sus crisis eran agudas llegaba al delirio, creía que la gente se reía de ella, tenía una visión distorsionada de su cuerpo y perdía la conciencia de su enfermedad, de tal manera que atribuía sus padecimientos a castigos por sus fallas. En alguno de estos delirios refirió que escuchaba que los pájaros cantaban en griego y la invitaban a realizar actos fuera de la cordura, también llegó a decir que vio al rey Eduardo VII espiando entre las azaleas y hablando con un lenguaje procaz, o bien que podía conversar con los muertos. Después de estos periodos agudos admitía su pérdida de juicio, que le provocaba alucinaciones auditivas y visuales.

Aunque con algunas variantes, éstos eran los síntomas más frecuentes de su enfermedad, los cuales hacían que fuera y viniera del hospital al reposo en casa. A pesar de ello su vida siguió su curso, entre dos de estos episodios agudos contrae nupcias con Leonard, e inmediatamente después de su regreso de la luna de miel continúa yendo y viniendo de las clínicas. En 1912, con 30 años de edad y como producto de las reuniones del grupo de Bloomsbury, conoce a Leonard Woolf, economista y editor de treinta y un años de edad, con quien funda Hogarth Press en 1917, que llegó a ser una importante editorial. Ésta fue la razón por la que muchas de las obras de Virginia y de otros escritores de su grupo fueron editadas por Hogarth Press.

La decisión de casarse con él surge en medio de una sucesión de crisis depresivas ocasionadas por su trastorno bipolar, bajo una desestabilización emocional. Era confortable estar al lado de personas calladas y poco demostrativas, Leonard tenía estas características, así que Virginia descubrió que podía pasarse días enteros hablando con Leonard sin aburrirse ni cansarse y empezó a corresponder a sus sentimientos. Leonard había tomado la determinación de proponerle matrimonio porque realmente estaba deslumbrado por Virginia, aunque sabía que había muchas probabilidades de que ella no lo aceptara, así que de ser rechazado regresaría a Ceilán, donde tenía la posibilidad de continuar con su actividad de funcionario. Ella le da esperanzas, mismas que él interpretó como una aceptación, así que renunció a su trabajo, y quedó a la deriva su situación económica. Quizá la inestabilidad emocional por la que pasaba Virginia la llevó a tomar una decisión no del todo acertada, poco tiempo después del evento nupcial ella manifestó que odiaba haberse casado con un judío, que no soportaba su voz nasalizada y su joyería oriental, así como su barba, pues le parecía esnob. Tampoco su sexualidad era grata, padecía de una frigidez invencible y era incapaz de comprender lo erótico, esto la condujo a perder la intimidad con su esposo, a quien hizo creer que su alejamiento sexual era una prescripción médica.

Debido a que la muerte de su padre la había dejado con serios problemas económicos y a la renuncia de Leonard a su empleo, pasaron el inicio de su matrimonio con muchas carencias; sin embargo, algunos años después, el trabajo de ambos como escritores redituó y su economía mejoró considerablemente. A pesar de que su relación estaba impregnada del rechazo que sentía Virginia hacia su marido, él la amaba y se convirtió en fiel protector de su salud y bienestar.

En 1913 Virginia empeora, estando en desequilibrio nueve meses, en que presentó agitación violenta. Abrumada por los sentimientos de culpa ingiere cantidades extremas de un medicamento, pero logra ser salvada por uno de los médicos que la asistían y un tiempo después la dan de alta. Entre marzo y agosto de 1914 se observaron oscilaciones peligrosas en su estado de ánimo, y creyéndola en peligro de cometer suicidio se le pone estricta vigilancia de dos enfermeras. El año de 1915 no fue mejor, pasó más de la mitad entre crisis histéricas, desesperación y periodos violentos que llevaron a Leonard a internarla en contra de su voluntad, situación que le generó disgusto y distanciamiento en la pareja.

Con todos los episodios agudos que experimentó, nadie hubiera creído que podía mejorar, pero logró restablecerse totalmente y pasó un largo periodo sin los síntomas hasta abril de 1936. Su médico le recomienda permanecer en cama, pero no es hasta 1941 que padece un desánimo abrumador y sombrío que la hace dejar de escribir. Refería que las voces habían regresado y temiendo que fueran a hospitalizarla nuevamente, escribe dos cartas de despedida y pone fin a su vida.

Muchos factores emocionales en la vida de Virginia, contribuyeron al inicio de la enfermedad y a las constantes recaídas. La inesperada muerte de su madre en 1894, quien sólo padecía de gripe, dejó en un caos a la familia, ya que tanto el padre como los hijos sufrían de depresiones. Otro factor estresante lo constituyó el abuso sexual que ejercían sobre ella sus hermanastros, y que sólo manifestaba a través de crisis nerviosas. A la muerte de la madre siguieron la de Stella en 1896, la de su padre en 1904 y la de su hermano Thoby en 1906, fueron sucesos que marcaron conflictos en Virginia acerca de su propia existencia. También fueron fuente de su creatividad; por ejemplo, su novela *Las olas* surgió de las reflexiones que Virginia hiciera veinticinco años después de la muerte de Thoby, que ocurrió en forma totalmente absurda, porque siendo un joven vigoroso y saludable contrajo fiebre tifoidea y fue diagnosticada demasiado tarde. La adquirió en un viaje a Grecia, donde bebió agua contaminada, se enfermó y ya nada pude salvarlo. *Las olas* ha sido catalogada como la novela más densa y elaborada de Virginia. Terminada la segunda versión entró en una depresión intensa. "Se sentía oprimida por la rutina, el duro trabajo de ser escritora, atada a un escritorio, privada de aventuras y de horizonte…"[60] La escritora analiza y relata algunos aspectos importantes de la muerte de su madre en otra de sus novelas, *Al faro*, en ella describe sus sentimientos durante el acontecimiento, por una parte no sabía cómo llevar el duelo por el deceso, y por otra se sentía desairada porque su padre, severamente perturbado, no le dio ningún

---

60 *Ibídem*, p. 68.

consuelo cuando más lo necesitaba. Evalúa lo que a través del tiempo esos sentimientos perduraron, reproduciéndolos a veces desafiante, a veces culpabilizada.

No obstante sus terribles crisis, fue una escritora con muchos méritos. Su formación fue autodidacta, pues la gravedad de su trastorno bipolar le impedía permanecer en la escuela, así que nunca tuvo acceso a ninguna universidad. Aun así llegó a ser, además de novelista, ensayista y crítica literaria. Por otra parte su obra muestra una abundante producción e introduce un nuevo estilo literario, ya que no era común que una mujer se dedicara a la producción literaria y las que existían hasta entonces seguían un patrón femenino. Algunos críticos consideran que ella fue la primera en romper con ese molde y dejar que su sexo desapareciera en sus narraciones. Otro de sus méritos es defender la libertad de la mujer, adelantándose al pensamiento de su época. Entre sus obras se encuentran *Fin de viaje*, *Noche y día*, que fueron sus primeros títulos, los cuales no tuvieron muy buena aceptación por la crítica, y es con la publicación de *La señora Dalloway* y *Al faro* que los críticos reconocen un estilo literario novedoso para su época. Más tarde presenta otros escritos como *Orlando*, *Las olas*, *Una habitación propia*, una serie de ensayos acerca de la condición de la mujer así como dos biografías.

En *Orlando*, publicada en 1928, refleja una fantasía libre. Basada en pasajes de la vida de Vita Sackville-West, quien fuera su amiga y compañera de profesión, y con quien se cree que tuvo una relación amorosa.

Además de la novelas mencionadas, se le han reconocido muchos otros títulos como *El cuarto de Jacob* (1922), *Una habitación propia* (1929), *Tres guineas* (1938) o *Entre actos* (1941), las que han destacado como sus obras más famosas.

Su enfermedad maniaco-depresiva la llevó al suicidio el 28 de marzo de 1941. Un día antes había desaparecido de su casa de campo tras la amenaza de verse nuevamente hospitalizada, y días después se encontró su cuerpo en Rodemell, donde se había lanzado al río Ouse con los bolsillos de su abrigo llenos de piedras.   ■

GLOSARIO

Agorafobia. Es la fobia o miedo irracional a los lugares abiertos. Actualmente, el término se ha ampliado al miedo a cualquier lugar o situación en que la persona afectada se siente desprotegida y de donde considera no puede huir inmediatamente.

Alucinación. Percepción sensorial que tiene el convincente sentido de una percepción real, que ocurre sin estimulación externa del órgano sensorial implicado. Las alucinaciones deben distinguirse de las *ilusiones*, en las que un estímulo externo real es percibido o interpretado erróneamente. El sujeto puede tener conciencia, o no tenerla, de que está experimentando una alucinación. Una persona con alucinaciones auditivas puede reconocer que está teniendo una experiencia sensorial falsa, mientras otra puede estar convencida de que la causa de la experiencia sensorial tiene una realidad física independiente. El término *alucinación* no suele aplicarse a las falsas percepciones que se producen mientras se sueña, cuando se concilia el sueño (*hipnagógicas*), o cuando se produce el despertar (*hipnopómpicas*). Algunas personas sin trastorno mental tienen experiencias alucinatorias transitorias. He aquí algunos tipos de alucinaciones:

> *Auditiva*. Alucinación relacionada con la percepción de sonidos, más frecuentemente de voces. Algunos clínicos e investigadores no incluyen estas

experiencias en las percepciones originadas dentro de la cabeza, y limitan su concepto de alucinaciones auditivas verdaderas a los sonidos cuyo origen sea percibido como externo. En el DSM-IV no se distingue si el origen de las voces se localiza dentro o fuera de la cabeza.

Gustativa. Alucinación que implica la percepción de sabores (habitualmente desagradables).

Olfativa. Alucinación que consiste en la percepción de olores, por ejemplo de goma quemada o pescado podrido.

Somática. Alucinación en la que se produce la percepción de una experiencia física localizada en el cuerpo (tal como una sensación de electricidad). Debe distinguirse una alucinación somática de ciertas sensaciones físicas nacidas de una enfermedad o de una preocupación hipocondriaca.

Táctil. Alucinación que conlleva la percepción de ser tocado o de tener algo bajo la piel. Las alucinaciones táctiles más frecuentes son sensaciones de descargas eléctricas y de *hormigueo* (la sensación de que algo se mueve o repta bajo la piel).

Visual. Alucinación que implica ver imágenes estructuradas, por ejemplo personas, imágenes informales, por ejemplo destellos de luz. Las alucinaciones visuales deben distinguirse de las ilusiones, que son percepciones erróneas de estímulos externos reales.

Angustia, crisis de. Periodos discretos en los que se produce un inicio súbito de aprensión, miedo o terror intensos, a menudo asociados a la sensación de muerte inminente. Durante estas crisis hay síntomas: respiración alterada o sensación de ahogo; palpitaciones, opresión precordial o pulso acelerado; dolor o molestias torácicas; sofocación y miedo a volverse loco o a perder el control. Las crisis de angustia pueden ser inesperadas o cuando ocurren casi invariablemente después de la exposición a un precipitante situacional.

Anhedonia. Incapacidad para experimentar placer. Inicia con la disminución de interés por realizar actividades que antes les distraían. Síntoma fundamental en la depresión, también se presenta en pacientes con daño cerebral frontal y en esquizofrénicos.

Ciclos (ciclación) en el trastorno bipolar. Se denomina *ciclo* a la variación de los síntomas de manía, que pueden desaparecer o cambiar hacia una depresión, esto puede suceder una o dos veces en el año.

Ciclos rápidos o acelerados. Se conoce como ciclo rápido a la variación de un síntoma maniaco a depresivo (y viceversa) con una frecuencia arriba de tres veces por año, en la medida que es más frecuente se les denomina ciclos ultrarrápidos, que pueden variar en una semana e incluso en un mismo día.

Ciclotimia. Se alternan depresiones leves e hipomanía, que se presentan por cortos periodos. (*Ver* trastorno ciclotímico.)

Comorbilidad. Significa que dos o más trastornos psíquicos o físicos pueden existir simultáneamente en una persona a lo largo de un periodo definido.

Conducta, trastorno de la. Es una alteración del comportamiento, las manifestaciones más comunes son impulsividad, sentimientos de indiferencia respecto a lo que pueda pasar con los demás, crueldad y agresión. En general son difíciles de controlar, mienten, desacatan las reglas sin razón aparente y se involucran en manifestaciones antisociales en las que intimidan y pelean por cualquier motivo. Se inicia en la infancia y puede perdurar en la adolescencia, en casos extremos llegan a actividades delictivas, y frecuentemente existe consumo de sustancias tóxicas.

Desorientación. Confusión acerca de la hora del día, la fecha o la estación del año dónde se encuentra uno o quién es.

Distimia. Enfermedad afectiva depresiva leve y prolongada, que ha durado más de dos años. No es considerada dentro de la clasificación bipolar porque no existen en ella episodios maniacos. (*Ver* Trastorno bipolar.)

Episodio maniaco. Es un periodo diferenciado con un estado de ánimo anormal y persistentemente elevado, expansivo o irritable, que dura al menos una semana (o cualquier duración si es necesaria la hospitalización). Persisten tres (o más) de los siguientes síntomas: autoestima exagerada, disminución de la necesidad de dormir, verborrea, fuga de ideas o alguna otra indicación de que el pensamiento está acelerado, la atención se desvía demasiado fácilmente hacia estímulos externos no relevantes, aumento de la actividad social laboral, estudiantil, sexual) o agitación psicomotora. La alteración del estado de ánimo es suficientemente grave como para provocar deterioro laboral o de las actividades sociales habituales, o en las relaciones con los demás, para necesitar hospitalización con el fin de prevenir los daños a uno mismo o a los demás.

Episodio de depresión mayor. Trastorno del estado de ánimo, se caracteriza por la presencia de cinco (o más) de los síntomas durante un periodo de dos semanas, que representa un cambio respecto a la actividad previa y puede perdurar por meses. El principal síntoma es el estado de ánimo depresivo (la mayor parte del día, casi cada día) y pérdida de interés o de capacidad para el placer, pérdida importante de peso, insomnio o hipersomnia casi todos los días, agitación o lentitud psicomotores, fatiga o pérdida de energía, sentimientos de inutilidad o de culpa excesivos o inapropiados (que pueden ser delirantes), disminución de la capacidad para pensar o concentrarse, indecisión, pensamientos recurrentes de muerte (no sólo temor a la muerte), ideación suicida recurrente sin un plan específico, tentativa de suicidio o un plan específico para suicidarse. Los síntomas provocan malestar clínicamente significativo o deterioro social, laboral o de otras áreas importantes de la actividad del individuo. En función de la intensidad, la depresión se cataloga como leve, moderada o grave, en ésta última puede haber síntomas psicóticos como alucinaciones o delirios. Lo habitual es que el paciente presente varios episodios depresivos en su vida: cuando sólo se evidencian recurrencias depresivas se habla de un *trastorno depresivo mayor o depresión unipolar*; cuando se combinan episodios depresivos y maniacos se habla de un *trastorno afectivo bipolar*.

Episodio hipomaniaco. Un periodo de alteración del estado de ánimo diferenciado que es persistentemente elevado, expansivo o irritable durante al menos cuatro días y que es claramente diferente del estado de ánimo habitual. Los síntomas pueden ser: autoestima exagerada, disminución de la necesidad de dormir, verborrea, pensamiento acelerado, aumento de la actividad (sexual, laboral o estudiantil), o agitación psicomotora, participación excesiva en actividades placenteras que tienen alto potencial de producir consecuencias graves (p. ej., enzarzarse en compras irrefrenables, indiscreciones sexuales o inversiones económicas alocadas). Este episodio no es suficientemente grave como para provocar un deterioro laboral o social importante o para necesitar hospitalización, ni presenta síntomas psicóticos.

Episodio mixto. Se cumplen los criterios tanto de un episodio maniaco como de un episodio depresivo mayor. La alteración del estado de ánimo es suficientemente grave para provocar un importante deterioro laboral, social o de las relaciones con los demás, o para requerir hospitalización con el fin de prevenir los daños a uno mismo o a los demás.

Estado de ánimo. Emoción generalizada y persistente que colorea la percepción del mundo. Son ejemplos frecuentes de estado de ánimo depresión, alegría, cólera y ansiedad. A diferencia del afecto, que se asocia con cambios más fluctuantes en el "clima" emocional, el estado de ánimo tiene un "clima" emocional más persistente y sostenido. Éstos son los tipos de estado de ánimo:

Disfórico. Estado de ánimo desagradable, como tristeza, ansiedad o irritabilidad.

Elevado. Sentimiento exagerado de bienestar, euforia o alegría. Una persona con estado de ánimo elevado puede decir que se siente "arriba", "en éxtasis", "en la cima del mundo" o "por las nubes".

Eutímico. Estado de ánimo dentro de la gama "normal", que implica ausencia de ánimo deprimido o bien elevado.

Expansivo. Ausencia de control sobre la expresión de los propios sentimientos, a menudo con sobrevaloración del significado o importancia propios.

Irritable. Fácilmente enojado y susceptible a la cólera.

Esquizofrenia. Enfermedad crónica y deteriorante que se caracteriza por alteraciones del pensamiento, la conducta y el lenguaje. El paciente con frecuencia tiene un aspecto extraño, descuida su apariencia física y se muestra socialmente retraído. En su fase psicótica se produce una pérdida de contacto con la realidad, predominando los delirios y las alucinaciones. Es muy llamativa la alteración de la afectividad (inapropiada y aplanada) y la preservación de la memoria y la orientación.

Fuga de ideas. Un flujo casi continuo de habla acelerada, con cambios temáticos bruscos, que habitualmente se basa en asociaciones comprensibles, estímulos que distraen la atención o juegos de palabras. Cuando es grave, el habla puede ser incoherente y desorganizada.

Grandeza. Evaluación desmesurada de valor, poder, conocimientos, importancia o identidad de uno mismo. Cuando es extrema, la grandeza puede alcanzar proporciones delirantes.

Habla apremiante o verborrea. Habla que es excesiva, acelerada, y difícil o imposible de interrumpir. Usualmente es empática y de volumen excesivo. Con frecuencia la persona habla sin ninguna incitación social y puede continuar aún cuando nadie le escuche.

Hipersomnia. Excesiva somnolencia, manifestada por sueño nocturno prolongado, dificultad para mantener un estado de alerta durante el día, o episodios diurnos de sueño no deseados.

Idea delirante. Falsa creencia basada en una inferencia incorrecta relacionada con la realidad externa, que es firmemente sostenida a pesar de lo que casi todo el mundo cree y a pesar de cuanto constituye una prueba o evidencia incontrovertible y obvia de lo contrario. La creencia no está aceptada ordinariamente por otros miembros de la subcultura o cultura a la que pertenece el sujeto. Cuando una creencia errónea implica un juicio de valor, sólo se considera idea delirante cuando el juicio es tan extremo que desafía toda credibilidad. La convicción delirante se produce a lo largo de un *continuum* y a veces puede inferirse del comportamiento del individuo. Las ideas delirantes se subdividen de acuerdo con su contenido. Algunos de los tipos más frecuentes son los siguientes:

> *Celos delirantes.* Idea delirante de que se es traicionado por el compañero sexual.
>
> *De grandeza.* Idea delirante de valor, poder, conocimientos o identidad exagerados, o de una relación especial con una deidad o una persona famosa.
>
> *De referencia.* Idea delirante cuya temática consiste en que ciertos hechos, objetos o personas del ambiente inmediato del sujeto adoptan una significación particular y desusada. Estas ideas delirantes suelen ser de naturaleza negativa o peyorativa, pero también pueden ser de grandeza.
>
> *De ser controlado.* Idea delirante en que ciertos sentimientos, impulsos o actos se experimentan como si

estuvieran bajo el control de alguna fuerza externa, más que bajo el de uno mismo.

Disfunción del pensamiento. Idea delirante de que los propios pensamientos están siendo difundidos en alta voz de modo que pueden ser percibidos por otros.

Erotomanía. Idea delirante de que otra persona, habitualmente de *status* superior, está enamorada del sujeto.

Extraña. Idea delirante que implica un fenómeno que la cultura del sujeto consideraría totalmente inverosímil.

Inserción del pensamiento. Idea delirante de que ciertos pensamientos no son de uno mismo, que son insertados en la mente.

Persecutoria. Idea delirante cuyo tema central consiste en que el sujeto (o alguien cercano a él) está siendo atacado, atormentado, golpeado, perseguido o se conspira contra él.

Somática. Idea delirante cuyo principal contenido pertenece a la apariencia o al funcionamiento del propio cuerpo.

De ser controlado. Idea delirante en que ciertos sentimientos, impulsos o actos se experimentan como si estuvieran bajo el control de alguna fuerza externa más que bajo el de uno mismo.

Insomnio Quejas subjetivas de dificultad para conciliar el sueño o permanecer dormido, o a causa de la mala calidad del sueño. Éstos son los tipos de insomnio:

Insomnio inicial. Dificultad para conciliar el sueño.

Insomnio medio. Despertar a media noche después de haber conciliado el sueño con dificultades.

Insomnio terminal. Despertar antes de la hora usual de hacerlo, con incapacidad para reemprender el sueño.

Neuronas. Células del sistema nervioso, que pueden recibir y transmitir mensajes a través de sinapsis eléctricas o químicas.

Neurotransmisor. Moléculas encargadas de transmitir un mensaje de una neurona a otra.

Personalidad. Patrones duraderos para percibir, relacionarse y pensar acerca del ambiente y de uno mismo. Los *rasgos de personalidad* son aspectos prominentes de la personalidad que se manifiestan en una amplia gama de contextos sociales y personales. Los *rasgos de personalidad* sólo constituyen un trastorno cuando son inflexibles, desadaptativos y provocan malestar subjetivo o déficit funcional significativo.

Prodrómica, fase. Signo o síntoma premonitorio o anticipado de un trastorno. Es el periodo comprendido entre la primera aparición de los síntomas y el momento en que alcanzan su apogeo

Psicótico. Comprende de modo amplio todos aquellos trastornos mentales en los que el paciente pierde el correcto juicio de la realidad. La clasificación actual restringe el término a aquellas enfermedades en las que los síntomas clásicos, alucinaciones y delirios, son el componente más llamativo que se observa en la clínica. Por ello solamente quedan incluidas las esquizofrenias, los trastornos delirantes crónicos, como la paranoia, y otros trastornos psicóticos cercanos.

Recidiva. Es una recaída o presentación repetida de un episodio patológico en un trastorno crónico.

Síntoma. Manifestación subjetiva de un estado patológico. Los síntomas son descritos por el individuo afectado más que observados por el examinador.

Tourette, síndrome de. Es un desorden que se inicia en la niñez y que frecuentemente persiste durante muchos años o inclusive por el resto de la vida. Se caracteriza por la aparición de tics motores simples (guiños, movimientos de hombro) o complejos (como tocar las cosas, hacer cabriolas) junto con tics vocales, los cuales también pueden ser simples (como carraspeo, suspiro), o complejos (palabras o frases), a veces de carácter soez. El paciente es capaz de frenar su aparición, pero a costa de un aumento de ansiedad y de un efecto "rebote", es decir, aumenta el número de tics y de intensidad.

Trastorno de ansiedad generalizada. Se presenta tanto en niños como en adultos, se caracteriza por angustia y preocupación excesiva acerca de una amplia gama de acontecimientos, y se ha prolongado durante más de seis meses. Los síntomas más frecuentes son impaciencia, fatigabilidad, falta de concentración, irritabilidad, tensión muscular, alteraciones del comportamiento.

Trastorno distímico. Estado de ánimo crónicamente depresivo la mayor parte del día de la mayoría de los días, durante al menos dos años. Presencia, mientras está deprimido, de dos (o más) de los siguientes síntomas: pérdida o aumento de apetito, insomnio o hipersomnia, falta de energía o fatiga, baja autoestima, dificultades para concentrarse o para tomar decisiones, sentimientos de desesperanza. Nunca ha habido un episodio maniaco, un episodio mixto o un episodio hipomaniaco y nunca se han cumplido los criterios para el trastorno ciclotímico.

Trastorno bipolar I. Es cuando un paciente se muestra eufórico por un periodo relativamente largo (unos 14 días) y las características de esta euforia se relacionan con manía. El paciente ha padecido por lo menos una depresión considerable en el transcurso de su vida. La edad promedio de aparición es de veinte años. Los episodios sin tratamiento duran alrededor de 6 meses. Frecuentemente surgen alucinaciones e ideas delirantes. Al aumentar la edad puede aumentar la frecuencia de los trastornos.

Trastorno bipolar II. Existe cuando el afectado ha sufrido al menos una depresión y se puede comprobar que también ha padecido un episodio de hipomanía, que es una forma leve de manía. Se observan incremento del apetito y del sueño durante la depresión. Esporádicamente se presentan depresiones crónicas. Se pueden comprobar trastornos bipolares del mismo tipo en parientes consanguíneos del paciente. La aparición de la enfermedad ocurre en edades tardías. Existe riesgo elevado de abuso en el consumo de alcohol. *Hipomaniaco*: si el episodio actual (o más reciente) es un episodio hipomaniaco. *Depresivo*: si el episodio actual (o más reciente) es un episodio depresivo mayor.

Trastorno ciclotímico. Presencia, durante al menos dos años, de numerosos periodos de síntomas hipomaniacos y numerosos periodos de síntomas depresivos que no cumplen los criterios para un episodio depresivo mayor. Después de los dos años iniciales del trastorno ciclotímico (un año en los niños y adolescentes), puede haber episodios maniacos o mixtos superpuestos al trastorno ciclotímico (en cuyo caso se diagnostican ambos trastornos, el ciclotímico y el trastorno bipolar I) o episodios depresivos mayores (en cuyo caso se diagnostican ambos trastornos, el ciclotímico y el trastorno bipolar II).

Trastorno por déficit de atención con hiperactividad (TDAH). Es un trastorno que tiene su inicio en la infancia y se caracteriza por la dificultad para prestar atención a lo que se hace, por ello es detectado en la edad escolar, y trae como consecuencia problemas de aprendizaje. Aunque el problema principal es la atención, también se observa impulsividad, carencia de miedo al peligro e hiperactividad.

Trastorno por estrés postraumático. Este trastorno se refiere al estrés ocasionado por un trauma. El estrés hace referencia a una respuesta inespecífica del organismo ante una situación con un alto nivel de presión. Frente a un factor estresante, el organismo puede responder en forma patológica. El trauma se define como una situación psicológicamente estresante que sobrepasa el repertorio de las experiencias habituales de la vida, y que provoca un intenso miedo, terror y desesperanza, con una seria amenaza para la vida o la integridad física personal o de un tercero. El trauma está relacionado con desastres naturales, accidentes, o provocados por la violencia.

Trastorno explosivo intermitente. Este trastorno pertenece a una categoría más amplia de los trastornos relacionados con el control de los impulsos. Se caracteriza por la aparición de episodios aislados de dificultad para controlar los impulsos agresivos, lo que da lugar a la violencia y a la destrucción de objetos. El grado de agresividad que muestran es desproporcionado respecto a la situación que lo desencadena.

Trastorno obsesivo-compulsivo (TOC). Se caracteriza por obsesiones y compulsiones que se repiten, que son estresantes y por este motivo el paciente no puede llegar a realizar sus actividades en forma normal. Inicia en la infancia con el desarrollo de una combinación de obsesiones, las cuales pueden ser pensamientos o preocupaciones persistentes, y compulsiones, manifestadas como rituales realizados repetitivamente como resultado de sus pensamientos.

Trastorno oposicional-desafiante (TOD). Se inicia en la niñez, alrededor de los ocho años. Se muestran negativos, enojados y desafiantes, esta actitud es muy frecuente en ellos. Al enfrentar a los adultos, pierden el control estallando en cólera, no siguen reglas ni obedecen, molestan a los demás en forma deliberada, pero frecuentemente también son molestados por otros. Siempre están enojados y resentidos, muestran rencor y buscan la manera de vengarse, cuando se ven involucrados en situaciones vergonzosas culpan a otros y por lo regular su autoestima es baja.

Trastorno de pánico. Es un trastorno de ansiedad, manifestado por sensaciones repentinas de terror sin motivo aparente, cuando se presenta esta crisis puede ir acompañada de síntomas físicos, tales como taquicardia, dolor en el pecho, dificultad para respirar y mareos. Un ataque de pánico puede ocurrir en cualquier momento o lugar sin previo aviso.

Trastorno reactivo del vínculo. Consiste en la ruptura de los vínculos afectivos del niño, por lo que sus relaciones afectivas con las personas que le rodean se ven alteradas.

Inicia antes de los cinco años y se asocia con el cuidado inadecuado o la desatención de las necesidades emocionales
y físicas básicas del menor. Cuando un pequeño no encuentra la satisfacción a esas necesidades emocionales pierde la
capacidad de formar relaciones afectivas significativas, así
como la capacidad de confiar en otros.

Trauma. Se define como "aquella situación psicológicamente estresante que sobrepasa el repertorio de las experiencias
habituales de la vida, y que provocará un intenso miedo,
terror y desesperanza, con una seria amenaza para la vida
o la integridad física personal o de un tercero." El trauma
está relacionado o con desastres naturales, accidentes, o son
provocados por violencia del hombre.

Bibliografía

Pérez Barrero, Sergio Andrés, "El suicidio, comportamiento y prevención", *Revista Cubana de Medicina General Integral*, vol. 15, núm.2, Ciudad de La Habana marzo-abril, 1999, http://scielo.sld.cu

Cardona Castro, Francisco Luis, Giménez Taurina, M, Mas Franch, M., *Van Gogh*, Edimat Libros, S.A., Madrid, 2003.

Castle, Lana R., *Bipolar disorder demystified*, publicado por Marlowe and company, New York, Estados Unidos, 2003.

Carpenter, D.J., J.F. Clarkin et cols, "Personality pathology among married adults with bipolar disorder", *Journal of affective Disorders*, núm. 34, 1995, pp. 269-275

Copeland, Mary Ellen, M.S.M, *Living with out depression and manic depression*, New Harbinger Publications, Inc., Oakland, Estados Unidos, 1994.

Chadwick, Paul, Birchwood, Max, Trower, Peter, *Cognitive Behavioral for Delusions, voices and Paranoia*, Wiley & Sons, Inglaterra, 1996.

Fast, Julie, Preston, John, Psy. D., *Loving someone with bipolar disorder*, New Harbinger Publications, Inc., Oakand, Estados Unidos, 2004.

Fawcett, J., Goden, B. y Rosenfeld, *New hope for people with bipolar disorder*, Roseville, Estados Unidos, Prima Health, 2000.

FIGUEROA C., Gustavo, "Virginia Woolf: enfermedad mental y creatividad artística", *Revista Médica Chilena*, 2005; 133: 1381-1388. www.scielo.cl/scielo.php

FINK, Candida, M.D., Kaynak, Joe, *Bipolar Disorder for Dummies*, Wiley Publishing, Inc., Indiana, Estados Unidos, 2005.

FORRESTER, V., *Virginia Woolf: El vicio absurdo*, 3a. edición. Barcelona, Ultramar, 1988.

GERSHON, E.S., "Genetics", en F.K. Goodwin y K. R. Jamison (coms.), 1990,, pp. 373-401.

GONZÁLEZ REY, Fernando. *Psicología de la Personalidad* Editorial Pueblo y Educación, La Habana 1990.

JAMISON, K.R., "Suicide and bipolar disorder", *Journal of Clinical Psychiatry*, núm. 61 (supl. 9), pp. 47-56, 2000.

LAM, Dominic, H., Jones, Steven, Hayward, Peter and Bright, Jenifer A., *Cognitive Behavioral Therapy for Bipolar Disorder,* publicado por Wiley & Sons, Inglaterra.

MANJI, H.K., "The neurobiology o bipolar disorder", *TEN: The economics of neuroscience*, núm. 3, 2001.

MARDER, H., *Virginia Woolf, la medida de la vida*, Adriana Hidalgo Editora, Buenos Aires, 2003.

MAROHN, Stephanie, *The natural medicine guide to bipolar disrorder*, Hampton Roads Publishing Co. Inc., Estados Unidos, California, 2003

MIKLOWITZ, David J., *El trastorno bipolar*, Ed. Paidós, México, D.F., 2005.

————, *The bipolar disorder survival guide*, The Guilford press, New York, Estados Unidos, 2002.

MIKLOWITZ, David J., Goldstein, J., *Bipolar disorder*, Guilford Press, New York, Estados Unidos, 1997.

MONDI More, Francis Mark, *Bipolar. A guide for patents and families*, The Johns Hopkins University Press, Estados Unidos, 2006.

MORALES ANGUIANO, Juan Pablo, *Wolfgang Amadeus Mozart*, Grupo Editorial Tomo, S.A de C.V. México, D.F.,2002.

NEWMAN, Cory, F., Leahy, Robert, L., Beck, Aaron, T., Reilly Harrington, Noreen, A., Gyulai, Laszlo, *El trastorno bipolar*. Editorial Paidós Mexicana, S. A., México, D.F. 2005.

OROZCO CABAL, Luis Felipe, Bermúdez Rey, Lina, *La estimulación magnética transcraneana: una herramienta para la neuropsiquiatría*, neuro6@yahoo.com

RAMÍREZ BASCO, Mónica, "The Bipolar Workbook",*The Guilford Press*, New York, Estados Unidos, 2006.

RAMÍREZ BASCO, Mónica, Rush, A. John, "Cognitive Behavioral Therapy for Bipolar Disorder", segunda edición, *The Guilford Press,* New York, Estados Unidos, 2005.

SACHS, G.S., Mood Chart, Boston, *Harvard Bipolar Research Program*, 1993, disponible en: www.manicdepressive. org

WATZLAWICK, Paul, *El arte de amargarse la vida*. Herder, Barcelona, 2003.

Wikimediafoundation.org

Revista médica de Chile, ISSN 0034-887, versión impresa.

WORMER, Eberahard J. Bipolar, *Depresión y Manía*, ed. Robin Book, Barcelona, 2003.

Otras referencias en Internet

Manual de psiquiatría en internet:
  Manual COT6ed-Psiquiatria-Fullscreen.mht

Acerca de la vida de Mozart:
  http://miportal.tripod.com/mozart.htm
  http://www.webpersonal.net/mozart/cast/inicio.htm

ÍNDICE

Otros títulos de Quarzo

10 soluciones simples para elevar la autoestima
Glenn R. Schiraldi

La lectura para el desarrollo infantil
Marcela Magdaleno

Inteligencia emocional para todos
Antón Teruel

Camino al autoconocimiento
Antón Teruel

El milagro de la vida
Enrique Villarreal Aguilar

Meditaciones de Buda para cada día
Christopher Titmuss

Doce pasos hacia la felicidad
Jorge González

Niños hiperactivos
Colette Sauvé